굿바이 혁신학교

# 굿바이 혁신학교

초판 1쇄 발행 2022년 12월 30일

**지은이** 유시경 박지수 노효정 김유진
**발행인** 송진아
**편 집** 아이핑크
**디자인** 로프박
**제 작** 제이오앨엔피
**펴낸곳** 푸른칠판
**등 록** 2018년 10월 10일(제2018-000038호)
**팩 스** 02-6455-5927
**이메일** greenboard1@daum.net
ISBN 979-11-91638-11-0 03370

탈혁신학교를 꿈꾸는
요즘 교사들의 학교 이야기

Good Education by 혁신학교

유시경 박지수 노효정 김유진

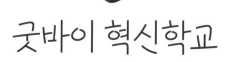

굿바이 혁신학교

# 들어가며

야심 차게 시작했지만 글을 쓰는 내내 우리는 고민이 많았다. 한 문장 한 문장씩 더해 갈수록 '우리 뭐 돼?'라는 생각을 지우기가 어려웠다. 교직 인생 두 자릿수를 채 맞이하지 않은 초심자인데다. 아직도 학교 안에서 모르는 것투성이 상태로 지내는 병아리 교사라는 것을 우리 스스로 너무 잘 알고 있었기 때문이다.

교사들이야 서로 만나기만 하면 이야기가 기-승-전-학교로 귀결된다고 우스갯소리를 하곤 하는데, 우리에게 학교 이야기란 우리 네 사람이 처음 만난 2015년부터 참 소중했다. 신규 교사로 살아가며 학교에서 처음 배운 것, 시도하고 실패한 것, 작게나마 성공한 것들을 끊임없이 나눴고, 하루가 멀다 하고 모여서 나누었던 수다들이 어느새 인생의 큰 부분을 차지하고 있었다. 학교생활이 힘들고 지친다는 흔한 수다로 시작한 이야기는 '애들 이상해', '학교 이상해'로 끝나지 않고 '근데 학교 너무 좋아', '근데 교사 재밌어'로 끝이 났다. 학교를 옮긴 후 지금까지도 우리는 서로의 학교 이야기 속에서 새로운 자극을 얻고 길을 찾으며 수다를 이어 가고 있다.

그런데 지방선거 시즌을 맞이한 2022년, 가장 비정치적이어야 하기에 정당도 후보자 번호도 없이 치러지는 교육감 선거가 그 무엇보다 정치적으로 흘러가는 것을 지켜봤다. 우리의 '처음'이었던 혁신학교가 교육이 아닌 정치 논리에 이리저리 찢기고 모욕당하는 걸 지켜봤다. 마음이 찌릿찌릿했다.

생각해 보면 교사도 성장해 가는 존재임을, 교육은 매번 새로워지는 작업임을 깨닫게 된 것은 우리의 첫 학교가 혁신학교였기에 가능했다. 우리가 지금 행복한 교사, 고민하는 교사로 살아가고 있는 것은 첫 학교에서 만난 사람들과 문화의 힘이었다는 생각을 지울 수 없었다. 그래서 정리해 보고 싶었다. '혁신학교'라는 이름이 세월의 흐름과 진영 논리에 의해 어느 날 갑자기 사라진다 해도 우리의 교직은 30년 가까이 이어질 텐데, 그 이후에는 어떤 학교를 상상해야 하는지 말이다. 우리가 끊임없이 배우고 성장하는 교사로, 정년까지 무기력해지지 않고 '살아 있는' 교사로 남기 위해서 학교는 어떤 모습이면 좋을지 우리의 언어로 정리해 봐야겠다고 생각했다. 우리가 몸담은 네 곳의 서울 혁신 고등학교에서 보고 느꼈던 좋은 점과 어려운 점들을 돌아보고 '이런 학교가 많아지면 좋겠다'는 이야기를 더 많은 이들과 나누고 싶었다.

기억을 긁어모으고 여러 자료를 찾아 공부하며 열심히 정리했지만, 결론적으로 우리의 첫 학교가 너무 좋았던 이유를 한두 마디 단어나 문장으로 정리하기는 너무 어려웠다. 어쩌면 우리는 그저 운 좋게 좋은 사람들이 모여 있는 학교에서 첫 시작을 맞았고, 하필 그 학교가 혁신학교였을 뿐이었는지도 모른다.

'학교'라는 큰 조직에서 교사 한 사람은 아무런 힘이 없을지도 모른다. 그렇지만 그 한 사람이 모든 걸 바꾸기도 한다. 학교의 고리타분함을 바꿔 보고자 한 그 한 사람의 노력, 그에 호응하는 다른 한 사람의 노력이 모여서 결국 우리가 좋아한 학교의 모습이 만들어졌다는 게 긴 글을 쓰고 나서 우리가 내린 결론이다. 우리는 첫 학교에서 만난 그 한 사람의 노력에 힘입어 나 하나를 넘어 '학교의 모습은 어떠해야 하는지'를 고민하는 신규 교사가 되었다. 학교는 하루하루 내 수업과 내 교실만을 꾸려 나가기에도 너무나도 역동적이며 복잡한 곳이지만, 그럼에도 우리의 행복한 교사 생활을 담보하는 것은 이런 고민들임에 틀림없다. 우리를 성장하게 하는 고민들이 그 한 사람 한 사람으로부터 왔다는 것을, 그리고 그 사람들을 우리는 혁신학교에서 만났다는 것을 이야기하고 싶다.

모자란 경력과 부족한 글이지만 각자의 자리에서 교실과 수업을, 학교와 학교문화를 고민하는 교사라면 우리의 학교 이야기에서 아주 작은 단초라도 얻으실 수 있기를 바란다. 혁신학교가 아니더라도, 언젠가 고민하는 한 사람 한 사람이 모여 모두가 치열하게 고민하고 용기 있게 도전하며, 학생과 함께 성장하고 학교의 문화를 만들어 가는 경험을 쌓아 갈 수 있기를 기대한다.

# 내가 알던 학교가 아니야

우리는 거의 모두가 학교를 경험하며 성장한다. 현재 학생이나 교사가 아니어도 학교에 대한 추억 한 자락씩은 누구나 가지고 있다. 우리 교육이 교사와 학교를 달구고 때리고 담금질하며 나아지려 노력하고 있음에도 여전히 '학교가 다 그렇지, 뭐!'라는 냉소로 끝나 버리는 것은, 모두의 마음속에 학교 공간이 '그 시절'의 기억으로만 남아 있기 때문은 아닐까. 긍정적이든 그렇지 않든 이미 굳어져 버린 학교에 대한 기억을 송두리째 바꾸기 위해서는 어떤 '순간'이 필요하다.

우리는 서울의 한 고등학교에서 처음 만났다. 각자 살아 온 경험도, 지닌 성향도, 가르치는 과목도 달랐다. 우리의 공통점은 혁신학교로 신규 발령을 받은 새내기 교사였다는 것이다. 혁신학교에 큰 뜻이 있던 것도 아니다. 말 그대로 '눈떠 보니 혁신학교'였다. 교육청의 첫 발령을 받아 향한 곳, 교직을 향한 긴 공부의 끝에서 만난 우리의 첫 학교.

각자의 기대감으로 발령받은 곳에서 우리는 교사로서의 첫발을 내딛었다. 그런데 우리는 놀랍게도, 새롭고 어렵고 정신 없는 신규 교사의 시기를 보내며 학교를 좋아하게 되었다. 학창 시절 내내 그저 그랬던, 또는 벗어나고 싶었던 기억을 넘어 학교가 좋아졌다. 그리고 이 경험은 이후 우리가 교직 인생을 꾸려 나가는 데 큰 터닝 포인트가 되었다.

**시경쌤**  2015년, 혁신학교가 무엇인지는커녕 그런 단어 조차 들어 보지 못한 상태로 A고에 발령받았다. A고에서 5년을 보내면서 교사로서 행복했다. 다음 5년도 행복한 교사로 살고 싶어 또 다른 혁신학교인 B고로 옮겨 근무 중이다. 국어를 가르치고 있다.

**지수쌤**  2014년에 혁신학교인 A고에 발령받은 과학 교사다. 첫 학교이자 마음의 고향인 A고에서도, 제 발로 찾아간 또 다른 혁신학교인 C고에서도 그럭저럭 괜찮게, 제법 즐겁게 교사 생활을 하고 있다. 어느덧 혁신학교 근무 9년 차.

**효정쌤**  2016년 혁신학교인 A고에 발령받은 체육 교사다. 교사 생활의 첫 학교인 A고에서의 5년이 너무나 행복했기에, A고에 5년 더 남아 보기로 결정했다. 아직도 행복은 진행 중이다.

**유진쌤**  2015년 A고로 신규 발령을 받았다. 온몸에 힘을 주고 시작한 교사 생활, A고에서 학생들과 서로 존중하며 마음을 나누는 일이 가능함을 배웠다. 앞으로도 힘 빼고 부드럽게, 유연하고 즐겁게 '선생질'을 하고 싶어 혁신학교인 D고를 찾아갔다. 영어 교사다.

# 교사는 강의만 하는 사람은 아니니까

### 시경쌤의 이야기

처음 교사가 되었을 때 나는 멋진 강사가 되고 싶었다. 뛰어난 강의력으로 완벽하게 이해시켜 한 명의 학생도 소외시키지 않는 수업을 하고 싶었고, 혁신 고등학교로 발령받았다. 당시 나에게 교사와 강사는 같은 말이었다. 내가 보고 듣고 경험한 수업은 강의식 수업뿐이었다. 초중고 시절은 물론 대학교에서도 강의식 수업 외에 다른 방식의 수업을 받아 본 적이 없었다. 교육공학을 공부하며 다양한 수업 방법론이 있다는 걸 알았지만 그건 책에만 있는 내용이라 생각했다. 임용시험을 위해 수업 실연을 준비할 때 짝 활동이나 모둠 활동을 구상해 본 적은 있지만 실제 고등학교 교실에는 적용하기 어려울 거라 생각했다.

　내가 다녔던 고등학교는 지방의 사립고등학교였다. 전교생이 강제로 야간자율학습에 참여해야 했고, 모의고사 성적과 내신성적을 기준으로 선별된 심화반은 새로 지어진 별도의 건물에서 자습을 했다. 심화반 학생들은 자습 시간 간식, 주말 특강 등 다양한 혜택을 누렸으며 학교는 그것을 당연하게 여겼다. 학교는 학생들에게 '좋은 성적을 거두면 저렇게 특혜를 받을 수 있다. 그러니 열심히 공부하라'고 끊임없이 말했다. 대입 결과가 나오면 그 결과를 플래카드로 만들어 교문과 학교 근처에 내거는 일도 당연했다. 나는 학교에서 '강의'가 아닌 '교육'을 경험하지 못했고, '시험 성적 향상'이 아닌 '인간적인 성장'을 경험하지 못했다. 나에게 교사란 성적 올려 주고 입시를 준비해 주는 사람이지 학생들과 교류하고 소통하는 사람이 아니었다. 고등학교는 그런 것을 해 주는 곳이 아니었다. 고등학교 교사는 대입을 도와주는 사람일 뿐이었다. 학교에서는 학생들의 모든 역량을 대입에 맞추었고 자연스럽게 수업의 목적은 모두 수능 시험과 연결되었다. 모든 수업이 강의식으로 진행되었고, 수업 시간에 집중하지 않거나 조는 학생에게 체벌이 따라오는 것도 당연했다.

결국 교사로서 고등학교 발령을 앞두고 수업에 대해 내가 상상할 수 있었던 것은 수능 대비를 위한 강의식 수업뿐이었다. 좋은 수업을 하기 위해서는 학원의 유명 강사들처럼 뛰어난 강의력을 갖추고 나만의 교재를 만들어야 한다고 생각했다. 교과서로 수업하는 교사는 촌스럽고 무능하다 생각했고, 개조식으로 핵심만 깔끔하게 정리된 자료를 학생들에게 제공하고 그것을 이해하기 쉽고 재미있게 설명하는 교사가 유능하다고 생각했다. 교사가 학원 강사들처럼 수업을 준비한다면 학생들이 수업을 열심히 들을 것이고 학업 수준도 높아져 좋은 대학에 갈 수 있을 것이라 생각했다. 오로지 그것만이 고등학교 교육의 목적이라고 생각했다.

어린 신규 교사의 등장에 학생들은 잠시 관심을 가졌지만 수업이 본격적으로 진행되면서 수업을 지루해 했다. 나는 점점 나의 수업에 집중하지 않는 학생들에게 불만이 생기기 시작했다. 정말로 쉽게 설명했는데도 그 내용을 이해하지 못하는 학생들이 답답했다. 나의 질문에 적극적으로 대답하지 않는 학생들에게는 화가 났다. 수업을 거부하고 엎드려 있는 학생들이 미워졌다. '열심히' 공부하지 않는 학생들을 이해하기 어려웠다. 나는 억지로 교실에 앉아 있는 학생들에게 일방적으로 지식을 주입하려고 했다. 나는 그저 학생들이 알아서, 스스로 수업에 몰입하길 기대해 놓고서 혼자서 실망했다.

수업을 뺀 나머지 학교생활은 꽤나 행복했다. 학생들과의 관계, 동료 선생님들과의 관계, 학급 활동 등 하루하루 기분 좋은 날의 연속이었다. 그래서 수업이 더욱 힘들게 느껴졌다. 수업만 안 하면 정말 행복하겠다고 생각했다. 수업이 버티고 견뎌 내야 하는 고역처럼 느껴지는 날들이 이어졌다. PPT 자료를 더 예쁘게 만들어 보기도 하고, 학습지의 폰트를 바꿔 보기도 하며, 상황에 따른 농담을 잔뜩 준비해 가기도 했다. 수업 시간에 질문을 던지며 간식을 뿌리는 이벤트도 시도했다. 그럼에도 엎드려 자는 학생들의 수는 줄지 않았고, 학생들의 뒤통수를 보며 떠드는 시간은 늘어났다. 자존감은 점점 떨어졌고, 교사로서 자질이 부족한 것은 아닐까 자책하는 시간이 늘어 갔다.

하루는 수업이 끝난 후 한 학생이 다가와 말했다. "오늘 자서 죄송해요. 다음 시간엔 수업 열심히 들을게요." 옆에 있던 학생은 "쌤 수업은 그래도 애들이 거의 안 자는 편이에요! 다른 수업 시간에는 전멸이에요."라고 말했다. 그때야 나는 학생들이 내 수업을 '들어 주고 있다'는 것을 알게 되었다. 학생들은 '내가 좋아하는 선생님이니까', 아니면 '선생님이 저렇게 열심이신데' 와 같은 이유로 나의 수업을 견디고 있었다는 것을 깨달았다. 나만 수업을 견디고 있었던 게 아니었다. 학생들도 나의 수업을 견디고 있던 거다. 무언가를 배우는 시간이 아니라 서로가 서로를 견디는 훈련을 하고 있었던 시간. 어떤 것이 좋은 수업인지 여전히 확신하기는 어렵지만, 적어도 그때 내가 하고 있던 수업이 좋은 수업은 아니었다는 걸 확실히 알 수 있었다. 이러려고 교사가 된 건 아니었는데, 학생들에게 부끄럽고 미안했다.

수업 때문에 힘들어 하는 신규 교사를 보며 어떤 선생님들은 혁신학교라서, 학생들의 수준이 낮아서, 학생들이 공부에 관심이 없어서 어쩔 수 없다고 이야기했다. 공부 잘하는 학생들이 많은 학교에 가면 다를 거라고 말했다. 위로의 뜻으로 건넨 말이었지만 전혀 위로가 되지 않았다. 지금 당장 나의 수업이 너무 힘들고 어려운데 다른 학교에 갈 때까지 참아야 한다니. 그런데 어떤 선생님들은 혁신학교니까 해답이 있을 것이라고 했다. 우리 학교에는 수업에 대해 고민하는 선생님들이 많으니 함께 수업을 바꿔 보자고 했다. 그리고 수업 혁신과 관련된 소모임에 나를 초대했다. 수업을 통해 '깨알' 같은 즐거움을 얻자는 '깨알' 소모임이었다. 당시 학교에서 가장 핫했던 주제는 '거꾸로 수업'이었다. 거꾸로 수업에 대한 여러 정보들이 뜬소문처럼 학교를 떠다녔다. 나는 소모임 선생님들과 함께 거꾸로 수업에 대한 연수를 들었고, 연수를 들으며 수업에 대한 새로운 시각을 얻게 되었다. 실제로 거꾸로 수업을 시도하지는 않았지만 나는 교사의 역할이 강의를 하는 강사의 역할에만 머물러 있어서는 안 된다는 걸 알게 되었다. 수업 시간은 지식만 전달하는 시간이 아니라, 학생들이 서로 소통하고 성장하는 시간이기도 하다는 것을 알게 되었다. 세상에는 다양한 수업 방식이 있고 다양한 방식을 시도하는 다양한 선생님들이 있다는 것도 알게 되었다. 그리고 그것이 실제로 가능하다는 것도 알게 되었다. 거꾸로 수업 열풍이 퍼지면서 거꾸로 수업을 시도하는 선생님들이 생기기 시작했다. "선생님도 한 번 해 봐.", "우리 같이 해 보자."라고 이야기하는 선생님들도 늘어났다.

나도 2학기의 시작과 함께 수업을 바꾸기로 결심했다. 나의 설명은 최소화하고 학생들이 모둠별로 직접 활동하는 수업을 준비했다. 디딤 영상을 미리 시청하고 수업을 시작하는 거꾸로 수업의 방식을 그대로 적용하기는 어렵다고 생각하여, 수업 시작과 함께 직접 촬영한 짧은 강의 영상을 모둠별로 시청하고 영상 내용을 바탕으로 활동지를 작성하도록 하였다. 훈민정음 창제 원리에 관한 수업이었는데, 모둠별로 영상을 시청하던 도중 평소에 매일 엎드려 자던 학생이 "선생님, 설명을 왜 이렇게 잘하세요? 이해 완전 잘 돼요."라고 말했다. 설명하는 사람은 평소와 같은데, 단지 영상으로 만들어 모둠별로 보게 한 것뿐인데, 평소와 전혀 다른 반응이 나와서 당황스러웠다. 수업에 집중하지 못하고 잡담만 했던 학생이 모둠별 학습지 작성이 시작된 후에 학습지 내용을 질문하기도 했다. 평소처럼 설명했다면 엎드려 달콤한 휴식을 취했을 학생들이 무려 훈민정음 창제 원리에 관심을 가지다니! 학생들의 달라진 모습이 어색하면서도 신기했다. 지금 생각해 보면 너무나 엉성한 수업이었지만 교사의 새로운 시도에 감복했는지, 아니면 평소 지루하기만 했던 국어 수업이 예상과 달리 덜 지루해서 신났던 것인지 모든 학생들이 말 그대로 '살아' 있었다. 그 풍경을 보면서 처음으로 수업하는 것이 즐겁고 재미있다는 생각을 했다. 내가 이런 수업을 하고 싶어서 교사가 된 것이 아닐까 하는 생각을 했다. 혁신학교가 아니었다면 이런 수업은 시도해 보지 못했을 거다. A고에 발령받아서 행복하다고 생각했다.

수업을 바꿀 때 가장 어려운 것은 새로운 시도 그 자체이다. 학생들이 싫어할까 봐, 갑자기 변한 선생님을 이상하게 볼까 봐, 쑥스럽고 민망해서 등등 교사로 하여금 새로운 시도를 주저하게 만드는 이유는 매우 많다. 하지만 처음이 어렵지 두 번째는 쉽다. 특히 수업을 바꿔 긍정적인 결과를 얻었던 경험이 있다면 새로운 시도를 더욱 주저하지 않게 된다. 학생들은 생각보다 새로운 것에 호기심이 많으며, 교사가 변화하는 모습을 즐거워한다. 내 주변에는 그런 선생님들이 꽤 있었다. 수업을 바꿔 보았고, 좋았고, 그래서 더 좋은 수업을 만들고 싶은 선생님들. 학교에는 꾸준히 다양한 시도를 하는 선생님들이 있었다. 수업 혁신 소모임을 중심으로 많은 선생님들이 '수업 나눔'이라는 이름으로 자신의 수업을 공개했다. 수업 나눔을 참관할 때는 교사에 대한 관찰은 최소화하고 학생들이 어려움을 겪는 순간, 학생들이 배움을 얻는 순간을 관찰하고 기록했다. 체계적인 방식으로 수업 나눔이 이뤄지지는 않았지만 많은 선생님들이 자신의 수업을 공개했고, 수업을 공개하고 참관하는 것을 일상적인 일로 여겼다. 수업에 있어 고민이 생긴다면 새로운 변화를 시도해 보는 것이 자연스러운 순서로 여겨졌다. 여러 선생님들의 수업을 참관하며 '수업만 잘 준비하면 학생들이 이런 것도 할 수 있구나!'라고 깨닫는 시간들이 늘어났다. 그런 분위기 속에서 나는 새로운 수업 방식에 대한 다양한 정보와 자료를 쉽게 얻을 수 있었고, 새로운 시도를 할 수 있는 용기도 자연스레 얻게 되었다.

내가 학교에 처음 발령받던 해에 있었던 수업 혁신 소모임은 시간이 지나며 '교원학습공동체'라는 이름으로 운영되었고, 조금 형식화되긴 했지만 여전히 선생님들에게 수업에 대한 아이디어를 제공하고 용기를 불어넣는 역할을 이어 나갔다. 학교마다 상황이 다르겠지만 대부분의 학교에서는 교원학습공동체를 운영하고 있다. 특히 혁신학교에서는 다양한 방식으로 유의미한 교원학습공동체 활동이 이어지고 있다. 혁신 고등학교들의 교원학습공동체가 대단히 체계적이거나 효율적이기 때문은 아니다. 혁신 고등학교 교사들이 가지고 있는 수업에 대한 적극적인 태도, 수업을 바꿔 본 경험, 더 좋은 수업을 하고 싶다는 의지 때문이다. 혁신학교가 아닌 고등학교에 그런 교사들이 없다는 뜻은 아니다. 다만 혁신 고등학교가 앞서 말한 생각을 가진 교사들이 모일 기회가 더 많은 곳임은 분명하다.

만약 내가 A고에 신규 발령을 받지 않았다면, 수업을 바꾸려는 시도를 더 늦게 했더라면 어땠을까 생각해 본다. 나의 주변에 다양한 형태의 수업을 시도하는 사람들이 없었더라면, 다양한 아이디어와 자료를 제공해 주는 사람들이 없었더라면, 선생님도 분명 잘할 거라고 용기를 주는 사람들이 없었더라면 수업이 즐겁고 행복한 일이 될 수 있다는 걸 여전히 깨닫지 못했을지도 모른다. 내가 경험한 A고에서는 그곳이 고등학교일지라도 '삶을 위한 수업은 가능하다'는 선언이 유효했다. 그것은 학교를 지탱하는 철학이었으며, 대부분의 구성원들이 그 철학에 동의했다. 학교는 그 철학을 실현하기 위해 노력했다. 입시로부터 자유로워지기 위한 시도가 미약하게나마 이뤄지고 있었던 것이다. 교사가 되기 전, 나조차도 그것이 가능할 것이라 생각하지 못했다. 고등학교가 입시 준비 외에 어떤 역할을 할 수 있을지 경험해 본 적도 들어 본 적도 없었다. 초창기 나의 수업이 수능 중심이었던 이유도 입시와 분리된 수업을 상상할 수 없었기 때문이다.

고등학교 현장에서 입시에 대한 집착을 버리지 않는 이상 제대로 된 수업 혁신은 쉽지 않을 것이다. 입시를 위한 수업은 효율을 추구할 수밖에 없다. 주어진 시간 안에 최대한 많은 내용을 전달해야만 입시에 필요한 내용을 모두 전달할 수 있기 때문이다. 입시만을 위한 수업은 결국 고등학교 현장에서 학생들을 소외시킨다.

학생들이 수업에서 소외되는 양상은 다양하다. 학교에서 가르치는 내용이 너무 어려운 경우, 학교에서 가르치는 내용이 자신의 삶에 어떤 의미가 있는지 깨닫기 어려운 경우, 단순한 지식 이외의 중요한 교육목표(고등사고능력, 창의성, 민주시민성, 심미성 등)를 달성할 기회를 얻지 못하는 경우, 오직 대입만을 위한 학습만이 강요되는 경우 등이 수업 소외의 다양한 양상이다.

과거의 학교에서 진행되어 온 일제식, 획일식 수업은 이러한 소외 양상을 부추긴다. 고등학교에서 일부 학생들만 입시에 필요한 과목의 수업에 참여하고 대다수의 학생들이 엎드려 잠을 자는 현상이 수업 소외의 대표적인 현상이다.

『서울형 혁신학교 10년 이야기』(2021, 서울특별시 교육청, p.17-18)

나의 수업이 이런 모습이었다. 나는 시험 점수 외에 자신의 삶에 어떤 도움이 되는지 모르는, 그마저도 너무 어려워서 이해하기 힘든 내용들을 가르쳤다. 나의 수업은 일부 학생들만 참여하고 대다수의 학생들이 엎드려 잠을 자는 수업이었다. 만약 학교에서, 주변 교사들이 '그럼에도 고등학교에서 가장 중요한 것은 입시'라고 힘주어 이야기했다면, 나는 수업에 참여하는 일부 학생들을 위해 계속 그런 수업을 했을 것이다. 대다수가 소외되더라도 교육의 목표가 입시니까, 그것을 목표로 하는 학생이 일부라 해도 그들을 위한 수업이라도 해야 한다고 굳게 믿었을 것이다.

다행히 나의 주변 선생님들은 입시로부터 완전히 자유로울 수는 없지만 입시만을 위한 교육을 해서는 안 되며, 수업의 결과가 입시에 도움이 될 수는 있지만 입시가 수업의 목표여서는 안 된다고 말해 주었다. 나의 수업이 입시에 도움이 되면 좋겠지만 그렇지 않더라도 학생들에게 성장과 배움을 제공할 수 있다면 좋은 수업이 될 수 있다고 용기를 주었다. 나는 수업을 준비하며 수능에 대한 집착을 버리고 학생들의 성장과 배움에 대해 더 고민하게 되었다. 그런 고민들은 내가 수업에 대한 접근과 방식을 바꿔야 하는 이유에 대한 당위처럼 다가왔다.

수업을 바꾸고 모둠 활동을 하며 가장 좋았던 것은 소외되는 학생들이 없다는 것이었다. 강의식 수업을 할 때 늘 엎드렸던, 혹은 수업 내용을 이해하지 못하여 어려움을 겪던 학생들이 모두 수업에 참여하며 저마다의 배움을 얻어 가고 있었다. 각기 다른 수준과 다양한 성향의 학생들이 한곳에 모인 교실에서 강의식 수업으로는 내가 어떤 노력을 해도 모두를 집중시키고 이해시킬 수 없었다. 하지만 학생들에게 수업의 주도권을 넘긴 이후에는 그것이 어느 정도 가능해졌다. 몇몇 학생들은 교과 지식을 학습하지는 못하더라도 모둠 안에서 자신만의 역할을 하면서 모둠원들에게 도움을 주었다. 적어도 수업 시간에 없어도 되는, 쓸모없는 존재로 여겨지지는 않았다. 수업 시간은 단순히 지식을 학습하는 시간이 아니라 학급의 구성원과 소통하고 관계를 맺어 가는 시간이 되고 있었다. 누구도 소외되지 않는 수업은 교사가 뛰어난 강의력으로 모두를 흡입하는 강의를 할 때 이뤄지는 것이 아니었다.

강의식 수업은 학생들을 잠들게 하는 나쁜 수업이므로 바꿔야 한다는 이야기가 아니다. 강의식 수업은 과목과 단원에 따라 효율적이고 유의미한 수업 방식일 수 있다. 중요한 것은 수업에 대한 시각을 바꾸는 것, 수업 방법에 유연성을 갖추는 것이다. 학기말 교직원 워크숍에서 수업 사례를 발표할 때 한 선생님이 자신의 교과는 교과 특성상 수능을 대비해야 하므로 어쩔 수 없이 강의식 수업을 해야 한다고 이야기한 적이 있다. 그러면서 자신은 수업 방식을 바꿀 수도 없고 바꾸기도 싫은데 자꾸 활동 중심 수업에 대해 발표하는 것을 들으면 왠지 뒤처지는 것 같고 잘못하는 것 같은 느낌이 든다고 했다. 괜한 죄책감을 안겨 준 것 같아 죄송한 마음도 들었지만, 한편으로는 묘한 의구심이 생겼다. 선생님의 교실에 앉아 있는 학생들 중에 수능이 필요한 학생들이 얼마나 될까? 정말로 그 선생님의 수업은 학생들의 수능을 대비해 줄 수 있을까? 선생님의 수업은 학생들의 삶에 얼마나 도움이 될까? 물론 고등학교 현장에서 입시는 현실이다. 학생들의 진로를 위해서도 고등학교가 입시를 포기할 수는 없다. 다만, 입시를 위한다는 핑계로 입시도 성장도 모두 포기해 버린 수업은 아니었는지 고민해 봐야 한다. 수업 혁신이 입시 준비를 폐기해 버리는 과정이라고 단순화하지 않았으면 좋겠다. 교사가 노력한다면 어쩌면 두 마리 토끼를 다 잡을 수 있을지도 모른다.

교사에게 수업은 직업 만족도를 결정하는 가장 중요한 부분이다. 교사의 주된 업무는 수업이며, 대부분의 시간 동안 수업을 하고 수업을 준비하며 보낸다. 수업이 즐겁지 않으면 학교생활이 괴롭다. 그래서 공립학교 교사에게 첫 발령교는 참 중요하다는 생각이 든다. 교사에게는 처음 5년의 경험이 교직 생활의 방향에 많은 영향을 미치는 중요한 경험일 것이다. 나도 첫 학교인 A고에서 변화를 경험하지 못했다면 수업 방식을 과감하게 바꾸기 어려웠을 것이다. 그래서 교직에 처음 발을 딛는 신규 교사들에게 수업에 대한 폭넓은 시야를 제공해 줄 수 있는 학교가 많아지면 좋겠다. 혁신학교로 발령받는 신규 교사들이 아니더라도, 고등학교 안에서 실현 가능한 다양한 형태의 수업들을 경험하고서 첫 학교를 떠날 수 있으면 좋겠다. 경험하지 않으면 존재하지 않는다고 생각할 수도 있다. 더 좋은 수업을 위해 변화를 두려워하지 않는 선생님들이 모인 학교, 입시가 아닌 삶을 위한 수업이라는 철학이 유효한 학교라는 것은 어떤 사람들에게는 상상 속의 학교일지도 모른다. 하지만 그런 곳은 분명 존재한다.

수업 방식을 바꾸고 여러 해가 지났지만 나는 여전히 수업이 재미있다. 물론 수업 준비는 늘 괴롭다. 수업이 생각대로 풀리지 않아 좌절할 때도 많다. 그럼에도 수업이 생각한 대로, 생각한 것보다 잘 진행될 때 행복함을 느낀다. 단순히 엎드려 잠을 자는 학생이 거의 없어서 수업이 즐거운 것은 아니다. 학생들이 내 수업을 좋아해 준다는 이유만으로 즐거운 것도 아니다. 내가 준비한 수업이 학생들에게 가닿는다는 것이 느껴지기 때문에 즐겁다. 내 수업으로 학생들이 배움을 얻어 간다는 느낌이 들어서 행복하다. 내 수업이 단순히 시험 점수를 높이기 위해 존재하는 것이 아니라 학생들의 삶에 작게나마 도움을 주기 위해 존재한다는 믿음이 있기에 행복하다. 학교가 좋은 건 이런 행복이 있기 때문이다.

# 내려놓음의 미학

지수쌤의 이야기

나의 학창 시절은 언제나 '엄격한 교칙'과 함께였다. 나는 동네에서 교칙이 비교적 엄한 편에 속하는 중학교를 다녔다. '귀밑 5센티미터'라는 한마디로 표현 가능한 두발 규정, 양말과 외투의 색깔과 종류에 관한 규정 등 기상천외한 생활 규정이 정말 많았다. 아침마다 등굣길 양쪽에서 쏟아지는 선도부 학생들과 학생 지도 담당 선생님들의 따가운 시선을 받으며 조마조마하게 등교하던 기억이 선명하다. 이런 말도 안 되는 생활 규정에 친구들과 늘 불만을 토로했지만, 사실 이런 교칙들이 왜 말도 안 되는 것인지에 대해 큰 문제의식은 없었다.

엄격한 교칙이 있던 모교에 대한 학부모들의 선호도는 매우 높았다. 내가 다니던 학교 바로 옆에는 교칙이 엄격하지 않은 다른 중학교가 있었는데, 나와 내 친구들은 늘 그 학교를 부러워했지만, 막상 마음속으로는 그 학교는 '양아치 학교'니까 그 학교에 다니고 싶지는 않다는 묘한 양가감정이 있었다. 고등학생이 되면서 대학 입시의 무게가 확연히 느껴졌고, 우리는 자연스럽게 수능 대비를 잘 시켜 주고 잘 가르치는 선생님들을 좋아했다. 혹은, 엄청난 카리스마로 수업 시간이나 자습 시간의 분위기를 장악해 의지력이 부족한 우리를 공부의 세계에 강제로 입문시키는 '호랑이 선생님'을 두려워하면서도 은근히 좋아하고 동경했다. 아침 7시까지 등교해서 아침 자습을 하고, 수업을 마치고 밤 11시까지 야간자율학습을 하는 쳇바퀴 같은 고등학교 3학년 수험 생활을 매일 견딜 수 있었던 가장 큰 원동력은 대학에 가고 싶은 열망 때문이라기보다는 전교에서 제일 무서운 선생님이 아침저녁으로 자율학습 감독을 하기 때문이었다. 중고등학교 생활을 거치며 '좋은 선생님'은 지식을 잘 전달하면서 학생들을 잘 통제할 수 있는 교사가 아닐까 하고 마음속으로 멋진 교사의 모습을 그리며, '선생님'이라는 직업을 가져 보는 것도 나쁘지 않겠다는 생각을 했다. 선생님들은 내가 봐 온 몇 안 되는 어른들 중에 가장 멋있었고, 친구들에게 수학 문제 풀이를 설명해 줄 때 꽤 즐거웠던 것도 같다. 거창한 이유나 사명감이 있는 건 아니었지만, 일단은 사범대에 입학하게 되었다.

사범대에서의 4년은 나의 교육철학을 정립해 나가는 시간이라기보다는 나에게는 지나치게 어려웠던 '화학'이라는 전공을 어떻게든 이해해 보려고 안간힘을 썼던 시간이었다. '좋은 선생님'에 대한 고민은 사범대 진학을 위해 교직 인성 면접을 준비했던 19살 겨울 이후 발전 없이 그대로 정체되어 있었다. 얼렁뚱땅 대학에서 4년을 보내며 언제부턴가 임용시험에 합격하고 싶다는 열망만 남은 채로 공부에만 매달렸고, 정작 나는 어떤 교사가 되어야 할지에 대한 치열한 고민은 어느새 지워졌다. 이쯤 되면 그때의 나는 시험에 합격하고 싶었던 것인지, 교사가 되고 싶었던 것인지는 몰라도 무사히 임용시험에 합격했고, 모든 교사들이 그렇듯 합격한 지 한 달도 안 되어 학교 현장에 꽤나 갑작스럽게 투입되었다.

첫 학교였던 A고는 가급적이면 신규 교사에게는 담임을 주지 않고자 배려하는 문화가 있었다. 더구나 발령을 받았을 때 나는 학교에서 최연소 교사였기에 더욱 배려를 받았던 것 같다. 첫 수업 오리엔테이션을 준비하면서 고뇌에 빠졌다. 과연 내가 교직 경력이 하나도 없는 신규 교사라는 것을 학생들에게 말해도 될까? 지금 생각해 보면 말하지 못할 이유가 뭔가 싶지만, 그 당시에는 내가 무경력 신규 교사임을 밝히면 학생들이 나를 우습게 여기거나 무시할까 봐 두려웠다. 나는 처음부터 잘하고 싶었고, 좋은 선생님이고 싶었다. 나에게 좋은 선생님, 유능한 선생님은 뛰어난 강의력으로 수업의 완급을 조절하고 때로는 엄한 분위기로 학생들을 휘어잡을 줄도 아는 노련한 선생님이었으니까.

학생들과의 수업은 생각보다 즐거웠지만, 수업 진행이 힘든 몇몇 반이 있었다. 간혹 수업 진행이 어려울 정도로 소란스럽거나, 애초에 수업을 들을 의지가 없는 학생들이 대다수인 반도 있었다. 그런 반 학생들에게 과학을 가르치기란 정말 쉽지 않았다. 수업 분위기 조성을 위해서 교사가 손을 놓고 있을 수는 없으니, 수업 진행을 방해하는 학생들을 지적하며 화를 냈다. 그러나 불행하게도 나는 평소에 화를 내 본 적이 거의 없고, 화내는 것에 전혀 소질이 없었다. 몇몇 학생들은 그 사실을 매우 빨리 알아채고 말대꾸를 하기 시작했다. 수업을 마치고 나니 머리끝까지 화가 났다. 어떻게 감히 학생이 교사에게 이렇게 덤벼들 수가 있지? 다른 학생들이 다 보는 앞에서 교사로서의 내 권위에 스크래치를 낸 그 학생들이 너무 미웠다. 이런 일들이 이따금씩 반복되고 나니 극도의 피로감이 몰려왔다. 나는 앞으로도 이런 상황이 생겼을 때 학생들에게 소리를 지르면서 잘 낼 줄도 모르는 화를 내야 하고, 학생들과 입씨름을 해야 하며, 겉으로는 '너 하나쯤 제압하는 것은 아무 것도 아니지' 하며 태연한 척해야 한다고 생각했다. 그것이 여태까지 내가 봐 왔던 멋있는 교사의 모습이었고, 그것이 바로 올바른 '생활지도'라고 믿었기 때문이다. 나는 몸에 맞지 않은 옷을 입고 있었지만, 사실은 아무도 그 옷을 입으라고 한 적도, 그 옷을 벗지 말라고 한 적도 없었다. 그런데 나는 멋대로 좋은 교사를 규정하고 그 틀 안에 스스로를 욱여넣으며 에너지를 낭비하고 있었다.

그다음 해에는 담임을 맡게 되면서 아이들과 소통할 일이 더욱 많아졌다. 처음이라 그런지 나는 '담임'의 역할과 사명감에 깊이 매료되어 다소 과도한 열정으로 한 해를 살았다. 담임을 할 때에도 '학생들을 잘 통제하고 분위기를 잡아 주는 생활지도 전문가'를 꿈꾸던 나는 가끔씩 '분위기 조성'이라는 명분으로 화를 내거나 정색하며 분위기를 냉랭하게 만들고, 내 행동을 정당화하곤 했다. 그때는 몰랐다. 나는 교실 안에서나 그렇게 아무 때고 화내며 분노할 수 있지, 교실 밖으로 나오면 정말 아무것도 아닌 먼지 같은 존재라는 것을. 나는 교실 속에서 교사와 학생 사이의 상하 관계를 너무나 당연하게 설정하고, 그 상하 관계에서 오는 교사의 권력을 정말 아무렇지도 않게 남용하고 있었던 것이다.

지금도 잊히지 않는 사건이 하나 있다. 그 당시 우리 반에는 지각을 방지하기 위해 지각을 하면 벌금을 걷는 '지각비 제도'가 있었다. 그때는 지각비를 걷는 반이 많았고, 걷힌 지각비로 학급 행사를 진행하거나 다 같이 맛있는 간식을 사서 먹기도 했다. 지각비를 내기 싫었던 학생들은 처음엔 지각하지 않으려고 조심하는 듯싶더니, 어느 날부터는 '그냥 지각비 내고 지각하자' 식의 마인드를 탑재하기 시작했다. '지각'이라는 행위 자체는 개선되지 않고 우리 반 돼지 저금통만 날로 무거워져 간 것이다. 한번은 지각비를 제때 내지 않아 지각비가 연체된 학생이 학급 자치 시간에 지각비 제도가 부당하다는 의견을 냈다. 지각을 줄일 생각은 하지 않고 제도만 탓하는 학생의 모습이 마음에 들지 않았다. 게다가 이제 와서 지각비 제도를 없앤다면 그동안 군말 없이 지각비를 내 왔던 학생들의 입장은 무엇이 되겠나 싶었다. 난 정의로운 교사니까 참을 수 없지. 바로 이 타이밍에서 교사인 내가 화를 내야 한다고 판단했다. 결국 그 학생과 나는 언쟁을 시작했다. 학생들이 다 보는 앞에서 결코 말싸움에 지고 싶지 않았다. 결국 내 마음속 분노는 눈덩이처럼 불어나 더 이상 통제가 어려워졌고, 나는 앞문을 쾅 닫고 교실을 나가 버렸다. 나는 한동안 그 학생을 보는 게 괴로웠다. 처음에는 쾌씸한 마음이 가시지 않아서였지만, 나중에는 그날 나의 미성숙한 행동이 부끄러웠기 때문이었다. 충분히 다른 방식으로 문제를 풀어 나갈 수 있었다. 나는 규칙의 부당함을 이야기하는 학생에게 화가 난 것일까? 어쩌면 학생들이 모두 지켜보는 앞에서 교사인 나에게 감히 대드는 모습에 화가 난 것은 아니었을까? 나는 무엇을 내려놓지 못해서, 무엇을 지키기 위해서, 무엇을 위해서 분노하고 힘들어 했던 것일까?

학생들과 관계를 맺어 나가는 과정에서 시행착오를 겪으며, '교사'의 역할에 대해 뒤늦게 많은 고민을 하게 되었다. 그동안 내가 그려 왔던 '좋은 선생님'의 이미지에는 학생의 모습이 철저하게 지워져 있었다. 능수능란한 강의력으로 수업을 이끌어 가는 '교사', 학생을 통제하는 카리스마를 지닌 '교사'의 모습뿐이었다. 교실 안에서 학생들과의 권력 싸움에서 지지 않기 위해, '교사의 권력', '교사의 권위'를 무너뜨리지 않기 위해 나는 부단히 노력했지만, 그 과정은 어딘가 불편하고 괴로웠다. 결국 나는 내 몸에 맞지 않는 옷을 벗어던지고, '교사는 학생들을 잘 잡아야 해!' 마인드를 조금씩 내려놓기로 했다. 힘을 빼야 했다. '권력'을 이용한 생활지도가 아니라 '신뢰'를 바탕으로 학생들을 감화시킬 수 있는 생활지도를 해 보기로 마음을 먹었다.

교실 안에서 아이들을 노련하게 통제해야 하며, 그렇지 않으면 무시당하거나 내 능력을 의심당할지도 모른다는 강박을 내려놓으니 학생들과의 관계가 훨씬 좋아졌다. 우선 새 학년이 시작될 때, 학년 초 개인 상담에 정말 많은 공을 들였다. 한 학생마다 대부분 1시간이 넘도록 담임인 나와 이야기를 하고 갔다. 학생들이 최대한 편안함을 느낄 수 있게 가벼운 이야기부터 차근차근 시작했다. 상담을 길게 해 본 적이 없는 학생들은 처음에 "엥? 상담을 1시간이나 해요?"라고 말했지만, 분위기를 풀어 가며 이야기하다 보면 학생들은 어느새 내가 물어보지도 않은 이야기들을 재잘재잘 늘어놓았다. 내가 물어본 질문에 대한 대답보다 학생들이 자발적으로 꺼낸 이야기들이 인성지도나 생활지도에 결정적인 단서가 될 때가 많았다. 아주 긴 상담을 마치고 집에 갈 때 몇몇 학생들은 "저보다 상담 오래 한 사람 있어요?"라고 슬쩍 물어보기도 했다. 이렇게 거의 한 달 넘게 방과 후 시간을 투자해서 상담을 진행하고 나면, 나를 대하는 학생들의 표정이 3월 첫날에 비해 눈에 띄게 부드러워졌다. 우리는 그렇게 같은 반의 구성원으로서 서로 신뢰를 쌓아 올렸다. 틈틈이 쉬는 시간마다 반에 들러서 아이들이랑 잡담도 하고 장난도 치면서 담임 반 학생들과 거리를 좁히기 위해 노력했다. 이렇게 쌓아 올린 신뢰는 중요한 순간에 힘을 발휘하곤 했다. 문제상황에 직면했을 때 담임이 힘주어 이야기하고 소리 지르지 않아도, 학생과 대화를 통해 그 상황을 꽤 손쉽게 해결했던 적이 많았다.

내가 잘못한 것이 있다면 빠르게 인정하고 사과하는 연습도 조금씩 해 나갔다. 학창 시절에 나는 선생님들이 학생에게 사과하는 모습을 한 번도 본 적이 없었다. 아니, 애초에 학생이 선생님께 사과 '드려야' 할 상황은 있어도 선생님은 우리에게 사과할 일이 없다고 생각했다. 선생님의 사과는 선택지에 없었고, 교사가 되어서도 학생들의 잘잘못은 들춰내면서 정작 내 행동을 돌아보려는 고민은 없었다. 교사와 학생의 관계 역시 인간 대 인간의 관계이니 누군가 상대에게 잘못을 하거나 상처를 줄 수 있다. 학생에게 사과를 받고 싶다면, 나도 사과해야겠다는 생각이 들었다. 비슷한 맥락으로, '입장을 바꿔 생각했을 때, 내가 들었을 때 기분이 나쁠 수 있는 말인가?'라는 생각으로 한 번 더 고민하고 학생에게 이야기하고자 노력했다. 학생들은 겉으로 표현은 잘 하지 않지만 그런 선생님의 행동과 의중을 귀신같이 읽어 내었다. 학생들이 선생님에게 존중받고 있다는 생각이 들 때 그들도 선생님을 존중하고 존경했다. 이를 깨달은 순간 나는 학생들을 더욱 존중하게 되는 선순환이 일어났다. 이런 경험이 축적되면서 담임 반에서도, 수업 시간에도 화를 내는 일이 눈에 띄게 줄었고, 그럴 필요도 느끼지 못했다. 명분도 의미도 없이 하는 '불필요한 지적'과 학생의 삶에 '꼭 필요한 지도와 조언' 사이의 경계를 나의 소신과 철학을 바탕으로 점점 만들어 갈 수 있게 되었다.

이런 내 교사관의 변화 과정에는 늘 학교가 함께했다. 우선, 학교에는 내가 학창 시절 매일 아침마다 잔뜩 움츠러든 채로 등굣길을 걷게 했던 여러 가지 규정들이 없었다. 불과 십여 년 전만 해도 학생생활규정은 '학생의 학생다움을 지킨다'는 명목하에 학생 통제의 수단으로 존재해 왔고, 규정을 정할 때 학생의 의견은 거의 반영되지 않은 채 교사들의 일방적인 논의로 정해지는 경우가 많았다. 첫 발령지였던 A고를 비롯해 여러 혁신학교들은 대부분 교육의 3주체인 교사, 학생, 학부모가 학교 운영에 민주적으로 참여할 수 있는 환경을 조성하고 있다. 3주체의 민주적인 의사소통을 토대로 '3주체 생활협약'을 제정하고 이를 학생생활규정에 적극 반영하거나, '자율규정'의 형태로 교육의 3주체가 상호 신뢰를 바탕으로 이를 지켜 나가도록 장려하는 것이 그것이다. 그 때문인지 화장, 머리 길이, 머리 색깔, 치마 길이, 신발 색깔 등 인권침해적인 규제 내용은 나의 학창 시절에 비해 현저히 줄어든 모습이었다. 상벌점제는 남아 있었지만, 많은 선생님들은 학생들의 잘못된 행동을 벌점 부여로 해결하려 하지 않았다. 학생을 따로 불러 이유를 묻고, 학생의 이야기를 들어 보고, 학생을 납득시키고 이해시키며 학생을 지도했다. 만약 내가 복장이나 기타 사소한 것들을 둘러싼 규칙을 들이밀며 학생들을 일일이 지도하고 꼬박꼬박 벌점을 주어야 했다면, 모든 교사들이 적극적으로 이런 형태의 생활지도를 하고 있었다면, 아마 나의 교직 생활도 많은 것이 달라졌을 것이다. 학교 전체의 분위기를 좇아 나 역시도 학생 개개인의 특성을 '다름'으로 보기보다 매서운 눈초리로 스캔하며 복장을 지적하고 다니지 않았을까. 생각만 해도 너무나 피곤한 일이다. 그랬다면 지도 과정에서도 분명히 학생들과 많은 실랑이가 있었을 것이다. 인간들끼리 실랑이를 하면 서로 기분이 상하는 것은 당연한 일이다. 상처와 적대심은 서로를 진심으로 신뢰하고 존중하는 데 큰 걸림돌이 된다. 이런 환경에서는 소통과 신뢰를 바탕으로 생활지도를 해 나가기가 힘들 것이다. 무엇보다, 입장 바꿔 생각했을 때 내가 납득이 되지 않으면 남에게도 그것을 강요하고 싶지 않기 때문이다. 나 스스로가 논리적으로 설득이 되지 않는 일을 다른 사람에게 이야기할 때에는 '말발'이 서지 않는다. 학생 시절의 나는 복장 규정 같은 교칙들을 아무런 문제의식 없이 수용했지만, 지금의 나는 전혀 그렇지 않다. 학생생활 및 인성교육과는 전혀 상관없는 규정들을 가지고 학생들에게 왈

가왈부하는 일은 아마 나에게 큰 심적 부담과 스트레스를 주었을 것이다. 두발 자유화가 되면 학생들이 세상 모든 비행을 다 하고 다닐 것처럼 반대하던 시절이 있었지만, 많은 학교에서 두발 관련 규정이 사라져 가고 있는 지금, 머리 길이나 색깔 때문에 비행을 저지르는 학생들이 정말 있을까? 학생들이 틴트를 발라도, 머리를 무지개색으로 염색해도 학교는 평화롭게 잘 굴러간다는 것을, 불필요한 규정에 대한 지도는 우리가 학생들에게 무엇을 지도하고 교육해야 하는지에 대한 본질을 흐린다는 것을 학교가 나에게 가르쳐 주었다.

아무것도 모르는 신규 교사였던 나는 학교 선생님들이 열어 주시는 연수나 강연을 많이 들었다. 그중 수업 방식뿐만 아니라 학생들과의 관계 맺기나 생활지도에 큰 도움이 된 것들이 많았다. 나에게 가장 큰 영향을 미쳤던 연수 중 하나가 바로 한 선생님께서 교원학습공동체 활동의 일환으로 외부 강사를 초청하여 진행해 주신 '회복적 생활교육'에 관한 것이었다. 요즘에는 꽤나 유명하지만, 그 당시 나는 '회복적 생활교육'이라는 단어를 처음 들었다. 내가 몇 년간 몸소 겪으며 고민해왔던 것들이 연수 속에서 문장과 단어들로 정리되고 시야가 확장되었을 때 느껴지는 쾌감이 대단했다. 내가 꿈꾸고 추구하는 생활지도 방식이 결코 물러 터진 방식이거나 학생들 버릇만 나빠지게 하는 방식이 아니라는 것을 확인받는 순간이기도 했다. 학급 구성원 모두가 동등한 발언권을 가지고 안전하게 이야기할 수 있는 소통 형태인 '신뢰 서클'을 연수에서 배워 학급 활동에 적용해 보고, 전근 와서 현재 근무하고 있는 C

고의 학부모 총회도 '신뢰 서클'로 진행할 만큼 아직까지 유용하게 활용하고 있다.

그때 선배 교사들이 왜 이런 연수를 열어 주었을까? 꼭 해야 하는 의무 연수도 아닌 데다, 연수를 준비하기 위해 외부 강사와 접촉해야 하고, 필요에 따라 여러 행정 업무도 해야 하는 번거로움이 있었을 텐데. 그 당시에는 연수를 한다고 하니까 아무 생각 없이 가서 듣기만 했지만, 이제는 그런 수고 속에 담긴 선배 선생님들의 열망과 바람이 보이기 시작한다. 교사들이 각개전투하지 않고 모여서 같이 고민하고 공부하고 함께 성장하는 문화가 만들어졌으면 하는 바람 말이다.

소통을 통해 느껴지던 학생들의 말랑말랑한 진심과 수많은 추억, 언제나 고민을 나누고 풀 수 있었던 동년배 선생님들, 늘 나보다 몇 수 앞을 내다보며 묵묵히 믿어 주고 지원해 주신 선배 선생님들. 콕 집어 무엇 때문이라고 말하기는 어렵지만, 첫 학교는 참 좋았다. 학교, 생각보다 훨씬 신나고 재미있는 곳이었다. 아침 일찍 일어나는 것도 싫고, 힘든 일이 있어도 내 감정을 숨기고 아이들과 부대껴야 하는 것은 아직도 어려운 일이지만, 하루에 한 번은 꼭 아이들 덕분에, 동료 선생님들 덕분에 호탕하게 웃고 갈 수 있는 '학교'가 나의 직장이어서 좋다.

# 다양성이 존중되는 행복한 공간

## 효정쌤의 이야기

학창 시절의 나는 참 별난 학생이었다. 모범생과는 거리가 멀었고 한시도 가만있지 못하는 천방지축 장난꾸러기였다. 쉬는 시간이면 교실 뒤에서 친구들과 대걸레를 마이크 삼아 노래를 부르고, 교복 치마 위에 체육복 바지를 입고 말뚝박기를 하며 웃고 떠들었지만 수업 시간에만 달랐다. 하루 종일 책상 앞에 가만히 앉아서 수업을 듣는 것이 너무나도 지루하고 괴로웠다. 대놓고 떠들 용기도 없었기에 지루한 시간들을 꾹꾹 참아가며 버텼다. 친구들 사이에서는 '웃긴 애, 재밌는 애, 잘 노는 애'였지만 수업 시간에는 존재감 없는 학생이었다. 수업 시간에 나의 존재감을 드러내는 순간 선생님께 혼날 것이 뻔했기에 얌전한 학생인 양 연기하며 참고 또 참았다. 선생님과의 소통은 상상할 수 없었으며, 어쩌다가 선생님이 내 이름을 부르면 '내가 또 뭘 잘못했나' 싶은 생각에 심장이 두근거렸다.

지루한 수업 시간, 나를 드러낼 수 없던 긴 시간을 버티게 한 것은 '특식'과도 같은 기억들이었다. 운동회 때 계주 대표로 뛰어 역전승을 거머쥐었던 짜릿한 기억, 수학여행 장기 자랑에 나가 상품으로 학용품 세트를 받고 즐거워했던 기억 들로 한 해 한 해를 버텼다. 학교를 다녀 얻을 수 있는 소중한 기억이지만 이런 날은 자주 오지 않았다. 운동회, 수학여행, 소풍, 합창 대회 등의 몇몇 특별한 날을 제외한다면 책상 앞에

1 나를 변화시킨 아이들

36

앉아 수업을 들은 것이 학창 시절 학교에 대한 대부분의 기억이다. 보통날의 학교는 내 개성을 펼쳐 볼 기회나 자기효능감을 느낄 기회를 주지 않았기에, 내게 학교는 따분하고 지루한 곳이었다. 그래서 나는 단 한 번도 선생님이 되고 싶다는 생각을 해 본 적이 없었다. 초등학교 1학년부터 고등학교 3학년까지 생활기록부 그 어디에서도 진로 희망에 '교사' 혹은 '선생님'이라는 글자는 찾아볼 수 없다. 대학에 진학해서도 마찬가지였다. 무용과에 진학했던 나는 공연기획 일을 하고 싶었고, 경영학을 복수 전공하며 예술경영대학원에 진학하고자 했다. 그런데 학부 지도 교수님의 생각은 좀 다르셨나 보다. 무엇 때문에 그런 생각을 하셨는지 모르겠지만 교수님은 1학년 때부터 "효정아, 너는 교사를 하면 정말 잘할 것 같으니 교육대학원에 진학해서 임용시험을 보면 어떻겠니?"라며 4년간 세뇌에 가까운 설득을 하셨다. 지금 생각하면 감사하고 또 감사한 일이지만 그 당시에는 말도 안 되는 이야기라고 생각하며 교수님과의 면담을 피했다. 그렇지만 지도 교수님의 기나긴 설득 끝에 마치 무언가에 홀리듯 결국 교사의 길로 들어서게 되었다. 사명감을 가지고 교사가 되었다기보다는 '교사'라는 직업이 주는 안정감에 더 끌렸던 것 같다. 우여곡절 끝에 교사가 되었지만, 솔직히 학교에 대한 큰 기대는 없었다.

임용시험에 합격하고 A고로 첫 발령을 받았을 때 "혁신학교라 힘들겠다.", "그 학교 애들 힘들다던데 고생하겠다." 등의 이야기를 들은 터라 출근 전부터 잔뜩 겁을 먹고 있었다. 개학 첫날 형형색색으로 탈색한 머리와 반짝이는 피어싱을 한 학생들을 보면서 듣던 대로 역시나 학교생활은 쉽지 않겠다고 생각했다. 그런데 이상했다. 겉모습만 보고 반항적일 것 같다고 생각했던 학생들은 전혀 반항적이지 않았고, 오히려 교사들과 매우 잘 지내고 있었다. 심지어 내가 처음 봤던 총천연색의 학생들은 학생회 임원이었다. 학창 시절 내가 경험했던 학생회는 '선도부'의 역할을 하는 모범생 집단이었다. 그런데 교사로서 발령 첫날 본 학생회의 모습은 내 기억 속의 '선도부' 모습과는 사뭇 달랐다. 교복 대신 사복을 입은 학생, 진하게 화장을 한 학생, 머리카락을 금발로 탈색한 학생, 화려한 피어싱을 한 학생 등 개성이 넘치는 학생들도 학생회 임원으로 활동하고 있었다. 이런 학생들이 모여 주체적으로 다양한 학생회 활동을 기획하고 실행에 옮기고 있었다. 처음으로 학생들에 대한 선입견이 깨졌던 순간이다. 다양한 빛을 가진 학생들과 함께하는 학교는 매우 바쁘게 움직였지만 바빠서 힘든 느낌이라기보다는 역동적이고 생동감이 넘치는 에너지가 느껴졌다. 직접 경험해 본 혁신학교는 주변에서 듣던 것과 달랐다. 내가 학창 시절 경험했던 학교와도 정말 180도 달랐다. 하루하루 시간이 지날수록 혁신학교에 대한 선입견이 서서히 사라져 갔고 점점 이 학교가 궁금해졌다.

발령 첫해에 1학년 담임을 맡게 되었다. A고에는 신규 교사에게 담임을 맡기지 않으려는 문화가 있었지만, 그해에 있었던 여러 가지 사정으로 개학 이틀 전에 갑작스럽게 맡게 된 담임이었다. 3월 첫날, 무척이나 떨리는 마음으로 들어간 교실에서 잔뜩 긴장된 얼굴을 한 학생들을 마주했다. 학생들의 굳은 얼굴을 보니 눈앞이 캄캄했다. 학생들에 대한 준비도 정보도 없는 상태라 무엇을 어떻게 해야 할지 몰라 혼란스러웠다. 이런 혼란스러움에 한 줄기 빛이 되어 준 것은 일주일에 한 번 있는 담임 회의 시간이었다. 담임 회의를 통해 동학년 담임교사 간 소통이 원활히 이루어졌고 담임으로서 힘든 부분을 허심탄회하게 이야기할 수 있었다. 1학년 담임교사들은 서로가 가지고 있는 학급 활동 자료를 공유했고 학급 활동에 대한 다양한 아이디어를 자유롭게 제시하며 의논할 수 있었다. 대부분의 구성원이 새로운 활동을 시도하는 것에 큰 거부감이 없었으며 수용적이고 유연했다. 워낙 역동적인 것을 좋아하고 독특한 생각을 가지고 있던 나는 전에 없던 새로운 활동을 종종 제안했다. 그럴 때도 동학년 담임선생님들은 늘 격하게 맞장구치며 응원과 지지를 아끼지 않았다. "그런 활동은 학교에서 하기는 좀 힘들지 않을까요?", "그거 저도 해 봤는데 별로예요."라는 반응보다는 "재밌을 것 같은데요?", "같이 해 볼까요?"라는 동료 선생님들의 말에 용기를 얻었다. 1년 동안 첫인상 퀴즈, 존중의 약속, 빵 조회, 학급 야영 등 다양한 학급 활동을 기획하고 실행하는 과정에서 내가 가진 개성과 다양성을 존중받는 따스한 학교 분위기를 경험했다. 학교에 오는 것이 즐거웠고 뭔가 더 열심히 해 보고 싶은 마음이 생겼다.

나와 학생들 모두 가장 좋아했던 학급 활동은 '빵 조회'다. 매주 수요일 조회 시간에 학생들과 함께 빵을 먹으며 담소를 나누는 조회 방식이다. 토스트 기계로 갓 구운 따끈따끈한 식빵에 버터, 딸기잼, 카야잼, 초코잼을 비롯하여 햄, 치즈, 생크

림 등 다양한 토핑을 곁들여 푸짐하게 아침을 먹으며 하루를 시작했다. 빵 조회가 있는 날에는 학생들의 소소한 이야기를 자연스럽게 들을 수 있다. 요즘 좋아하는 아이돌은 누구인지, 어제 몇 시까지 게임을 하다 잤는지, 학원에 몇 시까지 있었는지, 며칠 전 싸웠던 친구랑 화해는 했는지, 좋아하는 사람이 생겼는데 어떻게 고백할지 등등 학생들의 일상과 고민을 자연스럽게 들을 수 있었다. 함께 먹고 마시며 이야기 나누는 시간의 즐거움은 '학급 야영'으로 확장됐다. 학급 단합 활동으로 학교 옥상에서 고기를 구워 먹고 학교에서 게임도 하는 등 다양한 활동을 하며 하룻밤을 지새우는 프로그램이다. 이미 빵 조회를 해 본 학생들은 알아서 야영을 준비했다. 사전에 지원자들이 모여 야영 준비 위원회를 구성하고, 이들이 학급 야영의 모든 기획과 진행을 맡아서 한다. 각종 게임을 준비하고 바비큐를 위한 장을 보며 당일 일정에 따라 친구들을 통솔한다.

어찌 보면 귀찮고 부담스러울 수 있는 시간이지만 내가 이런 학급 활동을 소중하게 여기는 것은, 이 활동들을 통해 학생들의 숨겨진 장점을 많이 알게 되기 때문이다. 발령 첫해, 우리 반에는 친구들과 소통에 문제를 겪는 학생이 있었다. 친구들과 친하게 지내고 싶어 툭툭 던지는 말에 친구들은 오히려 상처를 받았다. 점차 친구들로부터 소외된 학생은 심정적으로 매우 힘들어 했다. 중학교 때도 소통의 문제로 어려움을 겪으며 크고 작은 소동을 일으켰기에 소위 '문제 학생'으로 낙인찍혀 고등학교에 진학했던 학생이었다. 이 학생은 빵 조회가 있는 날이면 가장 먼저 등교하여 준비를 도왔다. 빵 조회가 시작되면 자진해서 토스트 기계를 준비하고 식빵을 구워 친구들에게 나누어 줬다. 친구들이 빵을 받으며 자연스럽게 "고마워."라고 말하면, 고맙다는 인사에 신이 나서 더 열심히 빵을 구웠다. 평소에는 친구들과 소통하는 것이 어렵지만 빵 조회가 있는 날엔 빵을 매개로 자연스럽게 대화를 이어 갔다. 그리고 빵 조회가 끝나면 토스트 기계, 빵칼, 도마, 책상 등을 말끔히 정리했다. 수업 시간에 교실을 뛰쳐나가고 친구들과 교사에게 소리를 지르던 모습과는 상반된 차분함을 보여 준 것이다. 이런 모습을 발견한 후 나는 그 학생의 일상을 유심히 살펴보았다. 지각이나 결석 한 번 없이 늘 일찍 등교하여 하루를 준비하고 책상이나 사물함을 깔끔하게 정리하며, 가방 속 소지품도 가지런히 정리하는 성실한 학생이었다.

학교에서 하룻밤을 보내는 학급 야영을 할 때면 낮 시간 교실에서는 볼 수 없던 학생들의 모습이 나타난다. 요리에 진심인 학생은 고기를 구워 먹은 후 볶음밥을 근사하게 볶아 친구들에게 대접한다. 평소엔 장난꾸러기지만 게임에 진심인 학생은 TV 예능 속 진행자처럼 레크리에이션을 진행한다. 체육에 진심인 학생은 박진감 넘치는 체육 활동을 기획한다. 영화에 관심이 많은 학생은 담력 훈련 시간에 볼 만한 공포영화를 고른다. 물론 많은 시행착오와 어려움이 있었지만, 수업을 벗어난 학생들은 자신이 가진 다양성을 발현하여 학급 야영을 준비하고 누구보다 멋지게 즐겼다.

만약 새로운 학급 활동을 응원하고 존중하는 학교 분위기가 아니었다면 빵 조회의 그 학생은 성실하고 부지런한 사람이 아니라 '문제 학생'으로만 기억되었을 것이다. 수업 내내 소극적이었던 학생이 얼마나 요리에 진심이었는지, 우리 반 까불이가 얼마나 예능감 있는 사람인지 알지 못했을 것이다. 학교는 내가 가진 아이디어와 개성이 교사로서의 유능함으로 발현될 수 있게 용인해 주고 지지해 주었다. 이런 자유로운 분위기 속에서 나 또한 학생들이 가진 다양한 장점들을 발견할 수 있었다.

최근 특수학급 방과 후 체육 수업을 하면서 특수학급 학생들과 가까워졌다. 자폐스펙트럼장애가 있는 ○○이는 동요를 좋아해서 상당히 많은 동요를 알고 있다. 발달장애가 있는 △△은 온화한 성품을 지니고 있어 친구들이나 동생들을 잘 챙긴다. 지체장애가 있는 ㅁㅁ이는 왼쪽 팔과 다리 움직임이 자유롭지 않지만 새로운 도전을 두려워하지 않고 과제가 주어지면 쉽게 포기하지 않는다. 발달장애가 있는 ☆☆은 경기 규칙에 대한 이해가 빠르고 친구들에게 친절하게 설명해 준다. 여름방학 첫날 특수학급 학생들과 체험학습을 떠났다. 영종도에서 레일바이크도 타고 을왕리 해수욕장에 가서 물놀이도 했다. 바닷가로 물놀이 가는 것이 소원이라는 학생들의 이야기에 학생들이 원하는 다양한 경험을 하게 해 주자는 의도로 특수학급 선생님과 체험학습을 계획했다. 체험학습 장소를 영종도와 을왕리로 잡으면서 '너무 멀리 나간다고 교장, 교감 선생님께서 반대하시면 어떻게 하지?' 걱정하며, 조심스럽게 학생들의 의견과 우리의 의도를 말씀드렸다. 걱정과 달리 흔쾌히 허락해 주셨고 힘든 활동인데 아이들을 위해 고생한다며 예산이나 필요한 도움이 있으면 이야기하라고 말씀해 주셨다. 준비하는 마음에 든든하게 힘이 실렸다. 영종도로 가는 차 안에서 "저는 여태까지 다닌 학교 중에서 우리 학교가 제일 좋아요."라고 말한 학생에게 "○○이는 우리 학교가 왜 좋아?"라고 물었다. "중학교 때는 괴롭히는 친구들이 있었는데 우리 학교 친구들은 착하고 선생님들도 좋아요. 재밌는 것도 많이 해서 좋아요."라고 말하는 학생의 진심이 와닿았다. 영종도에 도착해서 간단하게 점심을 먹고 을왕리 해수욕장으로 향했다. 모두 남학생들이어서 두 지도교사 누구도 탈의실에 함께 들어갈 수 없었다. 탈의실에 가서 수영복으로 갈아입고 나와야 하는데 항상 온화한 성품으로 동생들을 잘 챙기는 △△가 동생들을 이끌고 남자 탈의실로 향했다. 자폐스펙트럼장애가 있는 ○○이는 소근육을 조절하는 것이 힘들어 옷을 갈아입을 때 시간이 많이 걸린다. ○○이는 △△의 도움으로 정말 빠르게 수영복을 갈아입고 나왔고, 탈의실을 빠져나와 모래사장으로 이동했다. 동료 선생님과 나는 물놀이용품과 간식이 담긴 커다란 가방을 하나씩 들고 있었는데, △△와 □□가 조용히 다가와 "저희가 들게요."라며 가방을 들어 주었다. 순간 동료 선생님과 '감동'의 눈빛을 주고받았다. 아이들의 새로운 모습을 발견한 순간이었다. 늘 내가 학생들을 도와주는 존재라고 생각했는데 오히려 도움을 받는 사람은 나였다. 학생들과 함께하는 시간이 많아질수록 그들뿐만 아니라 나에 대해서도 새롭게 알아 가는 것들이 많아졌다.

혁신학교인 A고에 첫 발령을 받고 치열하게 5년을 보냈다.

어느덧 시간이 흘러 다음 학교를 고민해야 하는 시기가 왔고 난 고민 끝에 A고에 5년 더 남기로 했다. 내가 이런 결정을 했을 때 주변 선생님들은 모두 의아해 했다. "왜 힘든 혁신학교에 10년이나 있으려고 해요?", "좀 더 큰 학교로 이동하면 훨씬 편할 텐데 왜 혁신학교에 남으려고 하세요?", "혁신학교에 5년 있었으니까 선호 학교에 지원하면 1순위로 갈 수 있어요." 심지어 어떤 선생님은 우스갯소리로 "선생님, A고에 꿀 발라 놨어요? 아니 도대체 왜?"라고 물었다. 이런 이야기들을 듣고 있으니 문득 궁금해졌다. 난 왜 이곳에 5년 더 남기로 했을까? 무엇이 나의 마음을 사로잡았을까? 돌이켜 생각해 보면 그동안 참 많은 활동들을 했고 힘들었을 수도 있겠다 싶은 생각이 들었다. 그런데 실제로는 전혀 힘들지 않았고 오히려 즐거웠다. 그건 바로 나 혼자가 아닌, 함께하는 학교 분위기 때문이었다. 혼자였다면 엄두도 내지 못했을 활동들이었지만 함께였기에 크게 힘들다 느끼지 않고 해 나갈 수 있었다. 역동적인 활동 속에서 구성원의 개성과 다양성을 발견하고 긍정적인 방향으로 이끌어 주기 위해 고민하며, 민주적인 방식으로 상호작용함으로써 소통의 벽을 허물고 대화의 폭을 넓혀 갈 수 있는 곳이었기 때문이다. 이곳에서 다양한 활동을 통해 학생들의 다양성을 이해하고 존중하는 법을 배울 수 있었다. 공부 잘하는 몇몇 학생들만 돋보이는 구조가 아닌, 역동적인 활동 과정에서 각각의 학생들이 지닌 다양성이 존중되며 개성과 장점이 돋보였다.

얼마 전 퇴근하는 길에 졸업생으로부터 전화가 걸려 왔다.

고등학교 때 같은 반이었던 친구들과 만나서 술을 한잔 마시고 있는데 학창 시절 이야기를 하다가 선생님 생각이 나서 전화를 했다는 것이다. 한참 동안 그 시절 이야기를 나눴다. 통화 말미에 "저희 만날 때마다 고등학교 때 이야기해요. 그 시절로 다시 돌아가고 싶어요. 저희 그때 진짜 행복했거든요. 저희 진짜 말 안 듣고 엄청 떠들었는데도 예뻐해 주시고 좋은 추억 만들어 주셔서 감사합니다."라는 졸업생의 말에 왈칵 눈물이 났다.

종종 학생들로부터 "학교가 너무 좋아요.", "학교에 있으면 즐겁고 행복해요."라는 말을 듣는다. 학교가 행복한 공간일 수도 있다니 참으로 놀랍다. 학생들이 행복해 하는 모습을 보면 나도 덩달아 행복해진다. 나도 학교가 참 좋다.

# 글로 배운 지식이 삶에 들어오던 날

## 유진쌤의 이야기

나는 절대 교사가 되고 싶지 않던 고등학생이었다. 매일 조회와 수업과 종례로 이어지는 똑같은 삶의 패턴, 매년 3월을 시작으로 시기에 따라 쳇바퀴처럼 굴러가는 듯 보이는 엄마의 30여 년 교사 생활을 가까이서 지켜보면서 '나는 큰 세상에 나가서 예상할 수 없는 일들을 만나며 살 거야.'라고 다짐했었다.

중고등학교 시절에 했던 온갖 적성검사가 '삐빅! 당신은 교사가 어울립니다'라고 알려 주었음에도, 수업 시간에 발표를 마치고 나면 선생님들로부터 "유진이 사대 가면 잘하겠다."는 피드백을 받았음에도, 그 모든 조언들은 나의 가능성을 제한하는 억압이라고 여겼다. '내가 그렇게 지루해 보여? 내가 그렇게 꽉 막힌 모범생 같아 보이냐고!' 식의 자격지심과, '여자 직업으로 이만한 게 없단 뜻이겠지.'라는 어른과 사회에 대한 강한 불신 때문에 교사를 꿈꾼다는 건 적절히 현실과 타협하는 일이라고 섣불리 판단했다.

당시는 한국인 최초 UN사무총장이 세계를 누비던 시기였고, 전국의 영어깨나 한다는 청소년은 자연스럽게 외교관과 국제기구에서의 활약을 꿈꿨다. 전 과목 성적을 대입에 반영하고 0교시와 강제 야자로 점철된 중고등학교 시기를 보내며 옆자리 친구는 동료가 아닌 경쟁자라는 소리를 귀에 인이 박히게 들어온 청소년기의 나에게, 학교는 심지어 다시 돌아오고픈 '행복한' 공간조차도 아니었다. 학교는 너무 작고 복작거리고, 그래서 지루한 공간일 뿐이었다.

지금 생각해 보면 얼마나 건방지고 오만한 생각이었는지 모르겠다. 내 눈앞의 세상이 전부라고 여기는 근시안적인 판단이었다. 교사가 된 지금도 학생들이 자신의 경험을 두고 "세상이 원래 그렇죠."라고 단언하는 것을 볼 때, 십대의 나도 나에게 주어진 딱 그만큼의 세상만 보였구나 생각하게 된다. 교사로 8년을 살다 보니 학교만큼 넓고 예측 불가능한 곳은 없다는 것을 알게 되었다. 학교는 매일이 새롭고, 매 순간이 역동적이다. 그리고 그건 내가 혁신학교 교사여서 더 그렇겠다는 생각이 든다.

교사가 되고 싶지 않던 내가 어느 날 문득 학교로 돌아가고 싶어졌다. 교사가 되어야겠다는 생각의 시작은 청소년들을 만나면서부터였다. 과외를 통해, 교육 봉사를 통해 만난 청소년들과의 시간이 정신없이 즐거웠기 때문이다. 어린이의 천진함이나 귀여움과는 조금 다른, 그렇다고 어른의 무게감은 아닌 십대 중반과 후반의 사람들이 뿜는 에너지가 좋았다. 그들의 고민을 함께 해결하고 모르던 걸 하나씩 알게 되는 과정을 지켜보는 게 뿌듯했다. 일주일에 한두 번 몇 시간씩만 만나는 걸로는 감질난다 싶을 때쯤 교직 과정의 기회를 잡았고, 그 마음이 다시 흐려질 때쯤 교생 실습을 가게 되면서 교직 로망에 불이 지펴졌다.

인생의 첫 직업을 교사로 선택할 것인지 말 것인지 최종 결정의 관문으로 교생 실습을 생각했기에, 나는 나를 극한의 상황으로 몰아넣었다. 남자 중학교에 실습 신청을 했고 기왕이면 2학년에 가고 싶다고 했다.

'중2'에 대한 온갖 괴담이 퍼져 나가던 시절, 나는 세상에서 가장 복잡한 심리 상태로 더 복잡한 세상을 견디고 있는 학생들을 만났다. 8시부터 3시까지 그들의 소소한 질문과 관심사로 머리를 채우고, 집에 돌아오면서도 수업을 고민한다는 게 마냥 기뻤다. 잠자리에 누워서는 내일 조회 때 어떤 멋진 말을 할까 생각하며 침대 위를 이리저리 굴렀다. 교사가 되지 않을 이유가 하나도 없다고 느꼈던 한 달이었다.

생각해 보면 교사가 되어야겠다고 생각했을 때 내가 가졌던 마음은 사뭇 장엄했다. 한산대첩에 나서는 이순신 장군도 아닌데 다가올 학생들과의 만남이 이들의 운명을 결정짓는 일일지도 모른다는, 나아가 내가 우리 교육과 사회와 국가의 미래를 책임지는 것이라는 사명감을 갖고 교사를 꿈꿨다. 이런 엄중한 마음이 실은 '어른'인 교사가 어리고 부족한 학생들을 '바른' 길로 이끌어야 한다는 시혜적인 마음에서 비롯된 것은 아니었을까.

교육학개론에서는 교직을 보는 관점을 크게 세 가지로 소개한다. 정신적 노동을 하는 직업인으로서 실제적이고 사실적 차원으로 교사의 모습을 바라보는 노동직관, 고도의 지성적 작업을 하는 전문가로서 끊임없는 교육과 능력 신장을 하는 존재로 교사를 설명하는 전문직관, 그리고 사랑과 봉사, 소명 의식에 입각한 성인군자, 다가올 이상사회 실현을 위한 존재로 교사를 보는 성직자관이 바로 그것이다. 교사를 꿈꿀 때 내가 가졌던 교직관은 성직자관, 더 나아가 '구원자관'이 아니었나 싶다. "아프고 힘든 청소년이여, 내게 오라. 그대에게 지식과 사랑이 넘쳐흐르는 땅을 선사하리니. 앞으로 그대의 삶은 찬란할지어다."

교육철학을 공부하다 발견한 '사도헌장'을 공부하는 책상 앞에 붙여 두던 시절도 있었다.

"오늘의 교육은 개인의 성장과 사회의 발전과 내일의 국운을 좌우한다. 우리는 국민교육의 수임자로서 존경받는 스승이요, 신뢰받는 선도자임을 자각한다. 이에 긍지와 사명을 새로이 명심하고 스승의 길을 밝힌다."

1982년 스승의 날, 무너진 교권을 세워야 한다는 절박함과 함께 제정된 '사도헌장'이 2000년대의 대학생인 나의 마음을 절절히 울렸던 걸 보면, 그때의 나는 대단한 선지자인 교사가 되어 중생을 구제하겠다는, 지극히 비현실적이고 또 시혜적인 교직관을 품고 있었던 것이다.

그렇게 교사가 되어 첫 학교인 A고에 발령받았다. 서울 외곽의 고등학교. 대중교통이 편리하지 않아 기존 교사들의 전보 신청이 많지 않은 그곳에서 과목도 성격도 제각각인 발령 동기 8명과 함께 교직의 첫발을 내딛었다. 처음 맡은 수업은 고등학교 2학년 영어였고, 처음 맡게 된 업무는 학생자치였다. 어느 학교를 가 보아도 대체로 학생자치 업무는 신규 교사가 맡는 일종의 '기피 업무'에 가깝다. 그렇지만 지금 와 돌이켜 보면 내가 학생자치를 교직 첫해에 만나게 된 것이 내 교사 생활의 방향성을 정했다고 생각한다.

나는 사실 '자치'라는 걸 잘 모르는 사람이었다. 학창 시절 학급 회장을 해 봤지만 내가 다닌 학교에서의 회장이란 모든 선생님들의 심부름과, 학급의 담임교사까지 나서기엔 조금 유치하고 자잘하고 귀찮은 일들을 도맡고 그에 대한 보답처럼 약간의 특별한 애정을 받으며 인정욕구를 빵빵하게 채우는 역할 정도였다. '학교'라는 공동체를 꾸려 나가는 데, 학생의 몫이 있다는 이야기는 들어 본 적도 없고, 의미 있는 대의원 회의에 참석해 본 기억도 없다. 고등학교 시절의 학생회는 무대에 서는 데 거부감이 없는 '인싸 그룹' 정도로 여겨졌던 것 같다. 대학에 진학해서도 크게 다르지 않았다. 이미 학생운동의 불씨는 다 꺼지고 재만 약간 남아 있던 2000년대 후반의 대학에서 내가 느낀 학생회는 캠퍼스 근처 밥집들과의 제휴를 맺어 나의 용돈을 절약시켜 주는 복지사업 재단 같았다. 가끔 함께 집회에 가자고 하는 선배들을 보면 내용을 들어 보기도 전에 무서웠다. 누구보다 열심히 대학교 생활을 했다고 자부하지만 그 안에 학생자치 활동은 한 톨도 없었다. 그렇게 강의실과 열람실, 동아리실과 술집을 오가며 자란 대학생이 하루아침에 학생자치 담당 교사가 되었다.

A고는 혁신학교로, 학생자치에 대한 기대가 큰 곳이었다. 변변한 학생회실도 없고 이전까지 학생회를 잘 꾸려 온 선배나 졸업생들의 서포트가 있는 것도 아니었지만, 여러 선배 교사들은 나를 찾아와 "선생님에게 기대가 많아요."라고 말했

다. 혁신학교에서는 무엇보다 자치가 중요하다고, 학생들의 목소리가 잘 모이는 창구가 학생회이길 기대한다고, 뜻 모를 이야기를 들으며 3월을 시작했다.

자치를 몸으로 경험해 보지 못한 교사는 책으로 배운 자치를 해 나갔다. 학칙에 정해진 대로 선거를 치르고, 그렇게 모인 대의원들에게는 개회 선언부터 동의와 재청을 통해 안건을 통과시키는 법, 건의 사항과 선생님 말씀으로 착착 이어지는 회의 진행 요령을 중점적으로 교육했다. "회의는 엄숙하게 진행하셔야 합니다. 여러분은 학급 학생들을 대표하는 사람이라는 걸 잊지 마세요." 식의 장엄한 말들을 했다. 구원자의 마음으로 교사가 된 나에게 실로 딱 맞는 업무라고 생각했다. '교사가 언제나 교실에 있을 수는 없으니 교사 대신 회장이 있는 거지.' 정도로 업무를 이해했던 것 같다. 학생자치, 뭐 별거 아니네 싶었다.

그러다 생각이 완전히 바뀌게 된 계기가 있었다. 2015년 4월 첫째 주, 세월호와 함께 사라진 수많은 사람들에 대한 이야기로 세상은 여전히 시끄러울 때였다. 나와 함께 수업을 하던 2학년 두 학생이 나를 찾아왔다. 《금요일엔 돌아오렴》이라는 책을 들고서.

"선생님, 저희는요. 작년 10월에 제주도로 수학여행을 가기로 돼 있었어요. 그 생각이 자꾸 나요. 4.16에 학교에서 같이 추모행사를 하고 싶어요. 개인적으로 말고 학생들이랑 함께요. 대의원 회의를 저희가 소집할 수도 있을까요? 학교 지원도 가능할까요?"

둘이 학급 회장단이니 학생회와 안건을 논의하면 임시 대의원 회의를 열 수 있다고 원칙적인 설명을 한 후 학생들을 보냈지만, 내 상식으로는 방금 학생들이 와서 했던 말이 잘 소화되지 않았다.

'내가 교사인데 지금 학생들이 나한테 '요청'을 한 건가? 예산을 얼마나 쓸 수 있겠냐고? 이게 학생이 교사한테 할 수 있는 말이야?'

학생들의 말투는 조심스러웠고 다정했다. 그리고 신규 교사인 내가 자신들을 지지해 줄 것이라는 믿음이 묻어났다. 그런데 나는 그 다정한 질문을 받는 순간 기분이 나빴던 것 같다. 세월호는 청소년들에게 '나의 일' 같은 문제였는데 교사인 너는 왜 그걸 모르냐고, 왜 학교는 아무것도 하지 않고 있냐고, 너는 자치 담당 교사가 아니냐고, 왠지 나를 채근하는 것만 같아 마음이 불편했다.

'필요하고 좋은 거라면 어련히 교사가 더 잘 알고 더 먼저 파악해 너희에게 던져 줬겠지. 그렇게 하지 않은 데에는 이유가 있는 것 아니야? 정치적으로 민감하기도 한 이슈이고, 그리고 학교 예산이라는 게 그렇게 학생들이 맘대로 물어볼 수 있는 게 아니라고. 그리고 또⋯⋯.'

아무도 쏘지 않은 비난의 화살을 혼자서 맞아 놓고선 괜한 자격지심에 비루한 핑계와 변명들을 마음속에서 긁어 모으며 무마할 방법을 찾고 있던 때, 혁신 부장 선생님으로부터 전화가 왔다.

"유진쌤, OO이랑 OO이 찾아왔었나요? 너무 멋지죠? 사실 나는 조금 부끄럽고 많이 감동했어요. 근데 나는 학생들 모이는 건 좋아해도 자치 잘 모르잖아. 유진쌤이 나보다 잘 알고 같이 고민도 해 줄 것 같아서 선생님 찾아가 보라고 했어요. 우리 학교는 자치 예산도 많고 선생님들도 학생회에 호의적이시니까, 유진쌤이 행정적으로 조금만 도와주면 학생들이 알아서 잘할 거예요."

그날 방과 후, 전교 학생회장은 2학년 대의원들을 모아 임시회를 열었다. 나에게 찾아왔던 두 학생은 차분하고 진중한 발표로 학생들의 전폭적인 지지를 얻었고, 우리 학교는 세월호 1주기를 맞아 학생이 만드는 추모행사를 하기로 했다. 추모행사 TF의 대표자는 첫 제안자인 두 학생이었고, 학생회 집행부 20명은 팀을 나누어 서포트하기로 했다. 1학년과 2학년 학생들에게 홍보하는 역할은 각 반 회장단이 하기로 했다. 이 모든 것은 반나절 만에 학생들이 결정한 일이었다. 복도 한쪽 끝 빈 교실, 목소리도 왕왕 울리는 그곳에 옹기종기 모여 서서 임시회 의견을 나누는 것을 지켜보다가 완전히 새로운 깨달음을 얻었던 것 같다. '아, 교사의 역할은 이런 것이구나!' 하는, 내가 디디고 있던 무대가 무너지고 완전히 새로운 땅에 발을 딛는 듯한 깨달음이었다.

추모행사 TF 학생들이 A4용지에 예쁘게 적어 가져온 기획안을 들고 부장님께 여쭸다.

"선생님, 근데 이거 교장, 교감 선생님께 허락 안 받아도 되나요?"

"학생회에서 회의로 통과시킨 안건이라며. 사겠다는 것도 종이, 리본 정도니 학생회 예산으로 충분히 구입할 수 있겠네. 선생님, 학생회에서 정식으로 정한 건 교사와 협의할 사안이지 허락받을 사안은 아니에요. 선생님이 절차 따라 하는 업무도 관리자에게 일일이 허락받을 사안이 아니고요. 학생들 의견을 믿고, 선생님 판단대로 진행하시면 돼요."

<서울특별시학생인권조례 제18조 2항>
학교의 장 및 교직원은 학생자치조직의 구성과 소집 및 운영 등 학생자치활동의 자율과 독립을 보장하고 학생자치활동에 필요한 행·재정적 지원을 하도록 노력하여야 한다.

학기초, 업무를 위해 찾아본 여러 매뉴얼에는 '교복 입은 시민'이라는 학생자치 활동의 의미와 원칙, 잘된 사례 같은 것들이 빼곡하게 적혀 있었다. 그 어디에도 '어떤 마음가짐'으로 교사가 학생들의 목소리를 듣고 호응해야 하는지는 나와 있지 않았는데, 그걸 교사가 되어 발령받은 첫해, A고에서 배웠다. 세상 속에서 자신의 자리와 목소리를 고민하는 십대의 진중함, 학생들의 고민과 제안을 허투루 넘기지 않고 자치 활동으로 연결해 준 선배 교사, 신규 교사의 도전과 판단을 믿고 지지해 준 부장 교사. 이 사람들 속에서 나는 글로 배운 지식이 숨과 살을 가진 생물이 되어 눈앞에서 팔딱거리는 것을 보았다. 그런 순간들이 차곡차곡 쌓여 어떤 교사가 되어야겠다는 방향성을 만들어 주었다.

생각해 보면 그때였다. 학생회 임원과 1, 2학년 대의원 50여 명의 학생이 밤늦게까지 남아 전지로 접은 큰 배를 띄우고, 학교를 노란 리본으로 물들이고, 세월호의 진실을 묻는 설명글을 적어 붙이고, 행사에서 읽을 대본과 배경음악을 신중히 고르던 2015년 4월 15일. 추모행사 TF 대표 학생이 해산 멘트를 했고 다음 날 일정을 안내했다.

"수고하셨습니다!"

서로에게 격려의 박수를 쳐 주며 학생들이 각자의 집으로 흩어지는 모습을 지켜보다 조용히 마을버스에 올라 나 또한 귀가하는 발걸음을 재촉했다. 까만 밤길을 달려가며 처음으로 생각했던 것 같다.

"아, 학교 진짜 좋다."

# 학교가 좋았던 이유

우리는 왜 그렇게 즐거웠을까?

우리가 느낀 '유레카!'의 순간, 학교가 좋아졌던 순간을 떠올리다 보니 우리의 개인적 경험에는 사실 학교의 구조가 큰 역할을 했다는 생각이 들었다. 일타 강사 뺨치는 사람이 되겠다는 꿈을 넘어 모두가 살아 있는 수업을 향해 가 보겠다는 용기를 낸 데에는 서로의 수업을 참관하고 나누는 문화가 있었고, '3월에 웃지 않는 교사'보다는 내 성격대로 다가가고 실수하면 사과하는 교사로 살아가야겠다고 다짐한 데에는 학생들을 제압하려 하지 않고 상담으로 사제 관계를 쌓아 가는 선배들이 있었다. 수요일 아침마다 복도에 빵 냄새가 풍겨도 '왜 너희 반만 튀어서⋯⋯'라고 눈총을 주기보다 '하다가 필요한 거 있으면 회의하자'라고 하는 학년 교사들의 분위기가 있었고, '너희를 구원하겠다'는 교사를 오히려 부끄럽게 만든, 성찰과 실천으로 뭉친 멋진 학생들과 그들이 모이게 한 학생자치회의 탄탄한 구조가 있었다. 우리를 변화시키고 힘을 실어 준 것이 '학교의 구조'라는 사실은 지금 우리가 어디에서 근무하고 있는지로 증명된다.

우리는 얼렁뚱땅 발령받았던 5년간의 혁신학교 생활을 마치고 또다시 혁신학교에서 근무하고 있다. 같은 학교에 5년을 더 머무르는 결심으로, 집 근처의 혁신학교를 찾아 전보를 쓰는 방식으로, 혁신학교를 찾아 서울의 양끝으로 "저 거기에서 근무할래요!"라고 지원하는 방식으로, 우리는 두 번째 혁신학교를 찾아갔다.

첫 학교에 근무하면서 다른 학교의 교사들을 만날 때 가장 많이 들었던 말은 "너네 학교라서 되는 거야."였다. 그 말이 담고 있는 의미를 어렴풋이 알기에 또다시 혁신학교를 찾았다. 그리고 달라진 각자의 자리에서, 우리는 첫 학교와 비슷하면서도 다른 다양한 학교의 면면을 만나고 있다. 학교가 늘 행복하진 않지만 그럼에도 '나 학교 좋아하네?'라고 느꼈던 순간의 감동은 잔잔히 이어진다. 이 또한 우리의 두 번째 학교가 가진 어떤 면들 때문이다.

사람이 태어나 성격이 형성되고 사회 속의 인간으로 자라나는 데에는 첫 5년이 중요하다고들 한다. 교사로서의 자아가 형성되는 신규 시절의 첫 5년, 우리는 혁신학교에 있었다. 이곳이 아니었다면 우리는 분명 지금과는 다른 가치관과 목표를 가진 교사로 살아가고 있었을지도 모른다. 우리를 지금의 나로 있게 한 학교의 모습들, 우리가 사랑했던 학교의 순간들을 나눠 보고 싶다.

# 첫 학교의 설레던 순간들

교사로 살아가는 이들이 가장 힘 빠지고 맥이 탁 풀릴 때는 언제일까? 아마도 교사가 '소외'를 느낄 때가 아닐까.

우리가 교사가 된 후 교육과정과 입시제도는 거의 매년 바뀌었다. 고등학교 1~3학년이 모두 다른 교육과정으로 흘러가던 해는 교과목 편성이며 진로·진학 지도까지 모든 것이 혼란스러웠다. 공문 또는 지침의 형태로 개별 교사에게 전달되기까지 대부분의 교육적 결정에서 교사는 소외된다. 정작현장에서 교육과정을 수업으로 구현하고 학생들의 성장을 이끌어 내는 이는 교사인데, 무엇을 가르치고 어떻게 가르쳐야 하는지를 정하는 중요한 결정에서는 교사가 소외된다. 정책수립 과정에서 현장의 목소리를 얼마나 폭넓게 듣고 있는지, 동의 여부는 고려하고 있는지 의문이 들 때면 과연 교사를 교육의 전문가로 여기고 있는지 자괴감이 들곤 한다.

코로나19의 확산으로 전례 없이 개학이 연기되었을 때, 교사들은 텔레비전과 신문 뉴스로 소식을 들었다. 코로나19 팬데믹 시기 교직 사회에서 유행했던 '네이버 공문'이라는 말은 급박하게 돌아가는 재난 상황에 대한 이해 부족을 뜻하는 말이 아니라, 오랜 기간 중대한 교육적 의사 결정에서 소외되어 왔던 교사들의 자조적인 한탄이었다. 학제를 개편하고 학급당 학생 수를 결정하는 등 학교 현장에서 매우 민감하고도 중대한 문제를 사회적으로 논의하는 데 있어 교사는 얼마나 존중받아 왔는지 떠올려 보면 절로 한숨이 나오곤 한다.

위에서 일방적으로 정해서 하달하는 '탑다운' 방식의 의사결정 구조는 국가 단위에서 교육청, 그리고 개별 학교 단위로 그 폭을 좁혀도 비슷해 보인다. 학교의 교육 활동 전반에 대한 큰 비전을 가진 관리자와 그들의 의중을 반영하는 '부장 회의'에 의해 학교의 중요한 결정들이 내려지고, 개별 교사들은 주어진 업무에 맞춰 이를 충실하게 수행해 나가는 학교가 대부분이다. '우리 학교의 교육'이라는 상을 공유하기보다는 분절적으로 주어진 업무, 수업, 학급에 한정되어 각자의 업무를 한다. 학생들과 매일 크고 작은 문제들로 씨름하는 최전선에 있지만 학교 안 결정 과정에는 영향을 미치지 못하고 개별 교사는 부품처럼 존재한다고 느낄 수 있는 것이다.

생각해 보면 우리 네 사람이 학교를 재미있는 곳, 정년까지 최대한 잘 버텨 보고 싶은 곳으로 느끼게 된 것은 우리가 속해 있던 학교의 구조가 우리를 부품으로 전락시키거나 소외시키지 않는 곳이었기 때문이다. '문서화된 규칙을 기초로 확립된 분업화와 계층화된 조직 구조'라는 정의에 따른다면 학교는 전형적인 관료제의 공간이다. 과거의 '모범생'이며 현재의 공무원으로 살고 있는 교사들은 대체로 매우 위계적이고 분업적인 구조에 자연스럽게 스며든다. 그러나 사회 교과서에서도 배웠듯 관료제는 그 자체로 명확한 장단점을 가지고 있다. 그중 가장 큰 단점은 개인의 자율성이 사라지고 큰 구조의 부품이 되는, 인간소외 현상을 겪게 한다는 것이다. 부품으로 전락한 개인은 성장과 발전의 동력을 잃는다. 우리가 학교를 좋은 곳으로 여기게 된 이유는 우리가 몸담았던, 혹은 몸담고 있는 A, B, C, D고등학교 모두가 관료제에서 약간은 벗어나 있는,

민주적인 소통이 가능했던 곳이었기 때문이다. 민주적으로 소통하기 위해 시도해 왔던 여러 구조적 변화들은 결국 교사 개개인의 역량을 발휘할 수 있게 도왔고, 서로의 노력이 더 빛날 수 있는 협력과 소통의 문화를 만들었다.

물론 완벽하진 않았다. 일반적인 관료제형 학교에서 학생과 교사로서 평생을 지내 온 사람이 대부분이기에 이 새로운 문화를 어색해 하거나, 더 나아가 반대하는 사람도 많았다. 각자 머릿속에 품은 학교의 상이 다르기에 반목도 많았다고 솔직하게 고백한다. 그래도 우리가 단언할 수 있는 것은, 학교의 모습을 어색해 하고 반대했던 이들도 우리 학교를 마냥 싫어하진 않았다는 것이다. 저마다 꿈꾸는 학교의 모습과 교사 개인의 교육관은 다를 수 있지만 민주적인 교육의 공간, 소통이 가능한 일터라는 궁극적인 모습에는 호불호가 없었기 때문이다. 어떤 쪽이든 교사들은 학교에 애정을 품었다. 그 애정을 가능하게 했던 것들, 우리가 사랑한 학교의 순간들을 조각조각 떠올려 보려 한다.

# 관료제를 넘어서서

## '체계'라는 이름의 족쇄를 넘어, 유연함의 힘

한국의 고등학교는 적어도 교사의 업무에 있어서는 관료제를 지향한다. 하나의 업무에는 분명한 한 명의 담당자가 존재하길 바라며, 자신과 타인의 업무와 업무 간 경계를 최대한 명확하게 구분하려고 한다. 그래서 연말과 연초 부서들 사이에서 업무 분장으로 인한 다툼이 일어나기도 한다. 많은 교사들이 자신의 업무가 아닌 일에 대해서는 거의 관심을 갖지 않는다. 얼핏 '학교'라는 일종의 행정조직에서 이러한 업무 체계는 효율적으로 느껴지기도 한다. 특히 규모가 큰 학교일수록 담당자가 명확한 것이 중요할 때가 많다.

A고에서 근무할 때, 학교에 불만을 갖는 교사들이 주로 했던 말 중에 하나가 바로 '이 학교는 혁신학교라 그런지 체계가 없다'는 말이었다. 첫 학교에 근무하던 당시에는 '체계가 없다'는 말이 어떤 의미인지 잘 이해하지 못했다. 돌이켜 생각해 보면 해당 선생님들이 바랐던 학교의 '체계'는 명확한 담당자와 책임자가 존재하는 환경, 담당자 또는 책임자에 의해 주어지는 명확한 가이드라인의 존재, 더 나아가 자신에게 주어진 업무 외에는 다른 업무가 부여되지 않는 환경을 말했던 것 같다. A고의 '체계적'이지 않은 상황들은 이런 식이었다. A고는

학년부에 모든 담임교사가 모여 있는 구조가 아니라 학년 부장을 비롯해 학년 생활지도, 학년 학습지도, 학년 행사를 담당하는 3~4인의 교사만 배치되어 있는 구조였다. 학사력상 학급 창체가 예정되어 있으면 학년부에서는 여러 담임선생님들로부터 전화 문의를 받았다. 발령 첫해에 담임과 학년부 업무를 맡았던 시경쌤은 "이번 학급 창체 시간 어떻게 하면 되나요?"라는 질문을 처음 받았던 때를 이렇게 기억한다. 학년 부장 선생님이 "담임선생님들이 자율적으로 진행하시면 됩니다."라고 답변하는 장면이다. "음… 그럼 관련해서는 누구한테 물어보면 되나요?"라는 질문에는 "주변 선생님들에게 여쭤보시면 돼요."라는 답변이 이어졌다. 업무 분장과 체계가 명확한 학교를 기준으로 본다면 정말 체계 없이 주먹구구식으로 운영되는 학교 같이 보일 것이다.

그러나 학교는 원활하게 그리고 활발하게 굴러갔다. 적어도 우리가 A고에 있던 기간 동안 체계가 없다는 이유로 학교 행정이 마비되었던 적은 없었다. '담임선생님들이 자율적으로 진행하시면 됩니다' 라는 말 뒤에는 담임선생님들에 대한 신뢰를 바탕으로 한 자율성이 보장되었다. 담임선생님들은 자신의 방식대로 자유롭게 학급운영을 할 수 있었고, 학교는 그것을 지지해 주었다. "주변 선생님들에게 여쭤보시면 돼요." 라는 말 뒤에는 정말로 그것을 알려 줄 수 있는 주변 선생님들이 있었다. 담당 업무 외에는 관심이 없는 교사보다 학교 전반에 관심을 가지고 생활하는 교사들이 많았다. 그래서 몇몇 선생님들이 지적했던 '체계 없음'이 실질적으로 문제를 일으킨 적은 없었다. 우리는 오히려 누군가는 '체계가 없다'고 이야기했던 특성들이 참 좋았다.

교사가 일을 할 때 체계를 중시하는 것은 절대로 책임을 회피하고 싶어서만은 아니다. 교육 활동에서 누가 결정과 실행의 중책을 맡는가 하는 일은 매우 중요하다는 것을 우리 또한 알고 있다. A고에서 교사 개개인에게 주어졌던 자율성은 우리를 분명히 성장시켰다. 그러나 그 과정에서 실패를 같이 견뎌준 학생들이 있었음을 부인할 수는 없다. 학생들에게는 한 치의 오차나 실수도 선사하고 싶지 않은 교사들의 성실하고 촘촘한 마음을 생각할 때, 실수 없이 온전한 교육 활동을 가능케 하는 '체계'가 중요하리란 사실을 존중한다. 가뜩이나 변수가 많은 어린이·청소년과의 교육 활동에서 교사가 위험에 대한 두려움까지 왜 굳이 감수해야 하냐는 질문, 교사가 느끼는 안정성 또한 중요하다는 주장 또한 존중한다. 분명하거나 모호한 체계란 우위의 문제가 아니다. 무엇이 더 낫다는 이야기가 아니라, 우리의 오랜 고정관념을 넘어 이러한 학교 운영 또한 충분히 교육적이며 가능한 일이라는 말을 하고 싶은 것이다.

학교는 교육 활동이 이루어지는 곳이다. 학교에 존재하는 다양한 업무들은 궁극적으로는 교육 활동을 위한 업무들이다. 이유를 알 수 없는 자잘한 자료 집계 업무부터 일일 출결 마감까지 모든 업무들은 교육을 전제로 존재한다. 따라서 학교에 존재하는 업무들의 목표는 업무 자체가 아닌 '교육'에 있다. 그리고 의미 있는 교육은 학교 구성원들 간의 소통 속에서 이뤄진다. 학교의 업무는 독립적인 것처럼 느껴지지만 결코 독립적인 것이 아니며, 구성원들과 소통하고 함께 교육적 의미와 목표를 찾아가며 진행해야 하는 것이다. 학교의 모든 업무가 교육과 연결되어 있다면 다양한 업무에 대해 '이건 내 업무가 아니야'라고 선을 긋기보다는 함께 관심을 가지고 힘을 보태는 것이 맞지 않을까. 물론 현실적으로 일을 진행하는 실무자는 필요하다. 모든 업무를 모든 구성원들이 공유하며 해결하는 것도 어렵다. 그렇다고 애써 모든 업무의 경계를 칼같이 나눈 후 자기 업무 외의 것들에 대해서는 무관심해도 될까?

불분명한 경계의 업무는 의외의 힘을 만든다. 교사들끼리 협력하게 만들고 새로운 일들을 구상하게 한다. 교사에게 도전할 수 있는 분위기를 만들어 주고 그 과정에서 학교는 활기를 띤다. 우리는 첫 학교에서 다양한 부서의 선생님들과 함께 일하며 즐거웠고, 새로운 활동을 계획하고 새로운 행사를 준비하며 자주 신이 났다. 우리에게 업무란 하기 싫고 부담스러운 것이라기보다는 대부분 재미있는 것들이었다. 다음에는 어떤 점을 보완하면 좋을까, 또 어떤 새로운 활동을 계획할 수 있을까 생각하며 설레었던 순간이 많았다.


## '훈련된' 무능과 이기주의를 넘어, 순환하는 업무

관료제의 관점에서 볼 때 '체계적'인 학교 운영은 부서별로 맡은 바를 빠르게, 효율적으로 해내는 것이다. 이러한 보수성은 해 왔던 것만 이어서 하고, 해 왔던 사람이 해내는 것을 지향하게 만든다. 그리고 이것을 문제없이 이끌며 책임까지 지는 전문적 리더를 찾아 헤매게 한다. 학교 구조에서 '부장'이란 승진이 아니면서 막중한 책임감과 업무량을 견뎌야 하는 자리다. 그래서 많은 학교가 해마다 1월이 되면 새 학기 부장 선임에 어려움을 겪는다. '부장 수당을 현실화하자'는 당근 정책이 지지를 얻는 것도 이러한 현실을 반영하고 있다. 업무 분장 또한 마찬가지다. 업무 분장 표에 적힌 한 줄이 한 해 나의 책임 영역을 정하고, 결국 그게 나의 '한 해 운명'을 결정하기에 학교 안 이기주의와 눈치 보기에 눈을 뜨게 된다.

유진쌤은 두 번째 학교로 혁신학교인 D고로 전근 갔을 때 업무 분장 표를 보고 가장 처음으로 놀랐다. 언뜻 보면 한 부서가 공동의 업무를 나누어 맡는 듯 보이는 업무 분장 표였다. 유진쌤이 처음 배정을 받은 자치문화부의 경우, 업무 대표인 부장의 자리에는 학교 축제(정), 학생자치(부), 동아리 및 봉사(부)가 적혀 있고, 유진쌤의 자리에는 학생자치(정), 학교 축제(부), 동아리 및 봉사(부)가, 다른 한 선생님 자리에는 동아리 및 봉사(정), 학교 축제(부), 학생자치(부)가 적혀 있는 방식이었다. 업무의 주담당자가 있지만, 부서 안에서 모두가 함께 관련 문제들을 해결할 수밖에 없는 구조였다. 그러다 보니 부서로 걸려 오는 대부분의 질문 전화에 마냥 "제 업무가 아니라 모르겠습니다."라고 할 수는 없었다. 함께 일한다는 것은 함께 책임을 나눈다는 것이고, 그것은 다시 말해 누구 한 사람에게만 과도한 의무가 지어지지 않는다는 말이었다. 이기적으로 '내 일'만 할 수 없는 업무 구조는 교사들을 협업하게 만들었고 이것은 교사로서의 업무 효능감을 많이 높여 주었다.

　　D고의 또 한 가지 놀라웠던 점은 '순환 보직제'였다. 생각해 보면 학교의 업무라는 것이 큰 사기업만큼 '전문화'되어 있지는 않다. 교육과 학교 구조에 대한 이해와 지식이 있다면 충분히 적응하여 해낼 수 있는 범위의 업무가 대부분이다. 그리고 교육의 문제에서 칼로 무 자르듯 명확하게 나뉘어 절대 침범받을 수 없는 전문성도 드문 편이다. 학교의 일정을 정하고 실행하는 교무 운영은 각 학년과 과목별 진도 및 생활교육 일정을 고려해서 해야 하는데, 이는 교과와 비교과 영역을 모두 아우른다. 학교의 일은 결국 서로에 대한 이해가 바탕이 될 때 더 원활해지는 것이다. 그런 면에서 볼 때 일반 관료제 조직처럼 부서 간 벽이 높다면 학교는 오히려 잘 돌아갈 수 없다. 그렇기에 어느 부서에 속해 주된 업무를 담당하더라도, 관련된 사람들끼리 서로의 이해도를 높이는 일이 개인의 행복과 조직의 원활한 운영을 보장하는 곳이 학교다. 이를 위해서 도입하고 있는 것이 '순환 보직제'다. 담임이든 업무 팀이든, 부서원이든 부장이든 5년의 근무 기간 동안 3년 이상 같은 일을 하지 않고 다른 부서의 업무를 경험해 보도록 하는 것이다.

　　유진쌤은 D고에서 2년간 맡았던 학생자치의 경험을 살려 지금은 학년부에서 학급 창체를 지원하는 역할을 하고 있다. 학생자치회에서 학생들과 고민해 왔던 경험들을 살려 학급 자치에서 미리 이루어지면 좋을 '학급 공동체의 약속 정하기', '학급 자치회 부서 구성' 등을 진행한다. 다른 학교보다 학급 창체를 통한 학생자치를 강조하는 D고의 특성을 학년부 교사들에게 설명하고 설득하는 것 또한 유진쌤의 몫이다. 업무 팀인 자치문화부에서 쌓은 경험이 이러한 작업을 수월하게 한다. 뿐만 아니라 교무 운영부에 계셨던 선생님의 도움으로 교육과정에 대한 이해를 높이기도 하고, 작년 학년부의 경험을 들으며 한 해의 고민들을 해결해 나가기도 한다.

학교에서 일하다 보면 서로 맡은 업무에 따라 '저 부서는 왜 저렇게 일을 해?'라는 답답함을 가지기 쉽다. 그러나 교사의 보직 순환은 근시안적인 불만을 가라앉히고 협업을 가능하게 해 준다. 더 나아가서 '부장'을 맡을지 모른다는 두려움을 낮추기도 한다. 여느 학교처럼 D고 또한 부장 선임 시즌은 살얼음판 걷듯 위태로운 시간이다. 그러나 한 번 맡으면 계속 책임져야 할 것 같은 두려움이 없다는 것, 부서 내부 그리고 부서 간의 협업과 소통이 원활하다는 것은 학교에서 필요한 역할을 맡기는 데 있어 큰 장점이 된다. 부장으로 추천받은 교사가 '그래, 올해 한 번 해 보자!' 라고 용기를 내는 일은 부장이 모든 것을 홀로 책임지는 것이 아니라 '부장 라인은 함께하는 팀'이라는 믿음에서 온다. 순환 보직은 부장에게도 적용되기에, 학교가 개인에게 과도한 부담을 짊어지게 하거나 계속 희생하게 만들지는 않을 것이라는 최소한의 믿음이 형성된다. 우리는 아직 경력이 길지 않은 교사지만, 이런 학교에서라면 부장이라는 몫이 주어지더라도 기꺼이 도전해 볼 수 있겠다 싶은 마음을 가지고 있다.

## 경직된 업무 구조를 넘어, 누구에게나 열려 있는 TF

A고에서는 메신저로 가끔 'OOO에 대한 TF 구성'이라는 제목의 메시지가 오곤 했다. 'TF가 뭐지? 정치 뉴스에서나 보던 용어인데.' TF란 'Task Force'의 줄임말로 '어떤 과제를 성취하기 위해 필요한 전문가에 의해서 만들어진, 기한이 정해진 임시 조직'을 뜻한다고 한다. 학교에서 TF가 생겨나는 이유는 몇몇의 '누군가'가 어떤 상황에 대한 문제의식과 이를 공론화할 수 있는 강한 추진력을 가지고 있기 때문이다. TF는 말 그대로 기존의 부서 편제에서 벗어나 어떤 목표를 성취하기 위해 만들어진 임시 조직이기 때문에 누구나 참여할 수 있다. 그러나 A고에서는 저경력 교사로서 왠지 TF에 감히 참여할 이유도 능력도 없다고 생각하며, 간간이 오던 그런 메시지들을 읽고도 모른 척 슬쩍 넘어가는 일들이 많았다.

비교 대상이 없었기에 그러려니 했던 첫 학교와 달리, 5년의 근무 경험을 품고 찾아간 두 번째 학교는 여러 가지 방면에서 우리에게 큰 충격을 안겨 주었다. 어쩌면 첫 전근이기에 더욱 그랬는지도 모른다. 전근 오시는 선생님들 중 많은 분들이 입버릇처럼 달고 사는 "이 학교는 왜 이래?"라는 말이 저절로 튀어나왔다.

지수쌤이 근무하는 C고에서는 다른 '전근 동기' 선생님들 중에서도 소통이나 업무 측면에서 새 학교의 문제점을 포착한 분들이 있었다. 이 선생님들은 엄청난 경력과 연륜을 바탕으로, 새 학교에 대한 불평불만에서 그치지 않고 문제 해결을 위해 이 상황을 공론화시키는 놀라운 추진력을 보여 주었다. 결국 C고에서는 '소통과 업무 간소화를 위한 TF'가 만들어졌고, 지수쌤 또한 이제는 문제를 회피하지 않고 정면으로 마주할 때가 왔다는 생각이 들어 TF에 참여 의사를 밝혔다.

그동안 C고 안에서 문제점을 절실히 느끼고 변화를 갈망하던 선생님들이 많았는지 TF에는 열 명이 훌쩍 넘는 인원이 참여하였다. TF는 꽤 오랫동안 진행되었다. TF 대표 선생님을 중심으로 1~2주일을 주기로 방과 후에 모여 오랜 시간에 걸쳐 이야기를 나누었다. 업무 분장의 문제, 업무 처리 방식의 문제, 불필요한 절차의 문제 등 많은 이야기들이 수면으로 올라왔고, 건설적인 논의들이 진행되면서 문제들이 조금씩 수정되기 시작했다. 업무 분장이 조정되었고, 지나치게 복잡하기만 하고 불필요했던 절차들이 조금씩 줄어 간소화되기 시작했다. TF의 위력을 확인하는 순간이었다. TF를 계기로 교사들 간의 소통도 활발해지면서, 그다음 해에는 교사 탁구 동아리가 새로 생겼고, 탁구 동아리에 거의 20명 넘는 선생님들이 가입하는 등 학교문화의 변화도 두드러지게 일어났다.

직급에 의한 위계도, 나이에 의한 위계도, 경력에 의한 위계도 없는, 누구나 동등한 발언권을 가질 수 있는 TF 조직의 존재는 매우 소중하다. 처음에 지수쌤은 '나 같은 저경력 교사들이 괜히 TF에 참여했다가 아무 말도 못 하고 민폐만 끼치는 것은 아닐까' 하는 복잡한 마음에 참여를 많이 고민했다. 하지만 TF에서는 모두가 안전하게 발언할 수 있었고, 오히려 여러 젊은 교사들의 신선한 시각이 TF 활동에 많은 도움이 되었다.

TF 활동에 참여했던 지수쌤을 비롯해, 몇몇 젊은 교사들이 낸 의견들 또한 학교 혁신에 많이 반영이 되었기에 일종의 효능감이 차오르는 값진 경험도 하게 되었다.

올해 C고에서는 '공간 혁신 TF'가 진행되고 있다. 학교 공간 중 개선이 필요한 부분이 어디인지 교사들의 의견을 수렴하고, 이를 모아 공간 혁신을 이룰 수 있는 방향을 토의하고 있다. TF의 결실로 올 여름방학을 시작으로 학교 안 여기저기서 대대적인 공사가 이루어지고 있다. D고에서도 2년 전 같은 방식으로 학생들이 모임과 쉼의 장소로 활용하는 '홈베이스'가 만들어진 적이 있었다. A고에서도 작년 D고의 '공간 혁신 TF'와 만남을 가진 후 A고 스타일의 공간 혁신을 진행 중이다. 이 과정에도 TF는 늘 함께했다.

누군가 우리에게 학교에서 보았던 가장 민주적인 소통 형태가 무엇인지 묻는다면 우리는 모두 'TF'라고 답할 것 같다.

## 희로애락을 함께하는 학년부

교사는 교과의 특성상 과학정보부, 체육건강부와 같은 특정 부서의 업무를 맡는 경우가 있는데, 지수쌤은 신규 발령을 받자마자 과학부 업무를 맡게 되었고 그 뒤로 4년을 내리 같은 업무를 하며 'A고 과학부의 터줏대감' 타이틀을 거머쥐었다. 발령 2년 차부터 담임을 맡게 된 지수쌤은 '나도 학년부 업무를 해 보고 싶다'는 생각이 들었다. 2년 차였던 2015년, 1학년부의 분위기가 유독 좋았고, 따뜻하면서도 유쾌한 1학년부 선생님들과 자주 어울리면서 담임도 아니었지만 1학년부 교무실에 많이 드나들던 지수쌤이었기에, 학년부에서 일어나는 일들을 관찰할 기회가 많았다. 학년에서 생기는 사안이나 학년 행사, 또는 관찰과 관심이 필요한 학생에 대한 의견 나눔, 생활지도에 대한 내용 등 선생님들 사이에는 많은 소통이 오고 갔다. 그 당시 A고의 학년부에는 담임들 중 3~4명만이 자리했고 나머지 담임들은 업무 부서에 배치되었기 때문에, 학년부에서 근무하지 않는 담임들은 학년에서 일어나는 일들에 대한 정보력이 떨어졌다. 일주일에 한 번 있는 담임 회의가 모든 담임교사들과 모여 이야기를 나눌 수 있는 유일한 소통 창구였기에, 따로 시간을 내어 학년부 교무실에 놀러 가는 등의 개인적인 노력을 하지 않으면 같은 학년 담임선생님들과 교류하기가 쉽지 않았다. 지수쌤은 기다리고 기다리던 학년부 업무를 5년 차에 드디어 맡게 되었고, 두 번째 학교인 C고에서는 4년째 학년부에서 근무하면서 어느덧 학년부살이 5년 차를 맞이하였다.

A고와 달리 B고, C고, D고는 같은 학년 담임들이 모두 한 공간에 모여서 생활하는 '학년부 중심 체제'로 움직이고 있다. 서울에 있는 혁신 고등학교는 대부분 학년부 체제를 채택하고 있다. 대체 왜 혁신 고등학교들은 학년부 체제를 선호하는 것일까. 지수쌤은 첫 학교인 A고와 전근 간 C고 모두 1학년부에서 근무했기 때문에, 두 학교 학년부 체제의 두드러지는 특징을 쉽게 비교할 수 있었다. 가장 큰 특징은 학년 부장이 담임을 맡지 않는다는 점이었다. 학년부 체제라고 하더라도 학년 부장이 담임을 맡는 경우(B고)도 있지만, C고와 D고는 학년 부장이 담임을 맡지 않기 때문에 학년의 거의 모든 행정 업무를 처리한다. 학년부에는 '기획' 업무도 특별히 필요하지 않다. 기획 업무가 있더라도 흔히 학교의 업무 분장에서 생각하는 '기획(이라 쓰고 업무 분장에 일일이 적기 힘든 모든 업무를 담당)'보다 업무 강도가 많이 낮은 편이다. 지수쌤은 A고 1학년부 그리고 C고 2학년부에서 기획을 맡은 적이 있어 기획의 업무량 차이를 몸소 느꼈다. 학년 부장이 담임을 맡지 않는 C고에서는 2월 신학기 준비 기간에 새로운 부서원들이 함께 모여 각자 잘하는 일, 하고 싶은 일을 최대한 맡을 수 있도록 업무 분장을 민주적으로 정하는 회의를 한다. 지수쌤은 회의 과정

에서 학년부 기획을 맡게 되었을 때, 부장 선생님이 해 주었던 이야기를 아직도 기억한다.

"지수쌤, '기획'이라고 너무 부담 갖지 말아요. 나는 업무를 도맡아 하는 기획이 필요한 게 아니라, 학년 일에 대해서 생각을 편하게 터놓고 말할 수 있는 좋은 말동무만 있으면 돼요."

학년 운영에 대한 여러 일들을 여덟 명의 담임들이 나누어서 맡기 때문에 담임들은 행정적 업무에 대한 부담이 매우 적다. 그러다 보니 담임 본연의 역할인 '학생 밀착형 소통과 돌봄'에 좀 더 집중할 수 있다는 점이 엄청나게 매력적이다.

무엇보다도 담임들이 한 공간에서 생활하기 때문에 학년부에서는 담임들 간의 소통이 아주 일상적으로 이루어진다. 업무 부서에서 근무하면서 담임을 하던 A고에서는 학년이 어떤 분위기로 움직이고 있는지, 다른 담임선생님들은 학급에서 어떤 활동을 하고 계시는지 알기가 쉽지 않았다. 그런데 학년부 체제에서는 심지어 알고 싶지 않아도 학년에서 일어나는 모든 일과 소식들을 알게 된다. 어떤 선생님이 학급 활동을 계획하고 있다는 얘기를 넌지시 던지면 "오, 선생님! 너무 좋은 아이디어 같아요. 저한테도 공유해 주시면 안 될까요?"라고 다가오는 학년부 선생님들이 하나둘 생겨나고, 이런 좋은 사례들이 교무실 안에서 퍼지면서 학년 전체에 좋은 영향을 끼친다. 이렇게 좋은 것들, 기쁜 일들을 함께 공유할 뿐 아니라, 힘든 일, 슬픈 일까지도 학년부 선생님들과 공유할 수 있기에 마음이 든든하다. 업무 부서에서 담임을 하던 시절에는 우리 반 분위기가 요새 뭔가 심상치 않다는 기운을 감지했을 때 '다른 반에 비해서 유독 우리 반 분위기가 안 좋은 걸까? 무엇이 문제인 걸까?'라는 생각이 들면서 자괴감에 빠지곤 했다. 그런데 학년부에서 근무를 하다 보니 우리 반뿐만 아니라 모든 반의 분위기를 쉽게 파악할 수 있다. 학년 아이들이 교무실에 찾아오는 모습, 담임선생님과 대화를 나누는 모습만 보아도 학급들의 대략적인 분위기를 알 수 있다. 담임선생님들끼리 커피 한잔하면서, 빵 한 조각씩 나눠 먹으면서 대화를 하다가도 알 수 있다. 우리 반만 그런 게 아니라는 것을 알게 되었을 때는 안도감이 밀려온다. 나의 담임 업무 운영 방식은 그대로인데 훨씬 더 수월하게 느껴지는 매직이 학년부에서 일어나는 것이다.

이렇게 학년부에 서로 소통하고 이해하는 분위기가 만들어지면 선생님들은 학년 운영에 대한 아이디어나 의견을 더욱 자유롭게 낸다. 학년 부장이 단독으로 결정하고 부서원들에게 통보하는 것이 아니라, 부서원들이 모두 참여해 학년 운영의 방향을 주체적으로 설정할 수 있다. 부장 선생님은 늘 담임들이 불편한 점은 없는지 먼저 살피고 담임들의 의견을 경청하며, 모두가 납득할 수 있도록 결론을 내린다. 지수쌤은 학년부에서 근무했던 최근 몇 년 동안 부서 내에서 이루어졌던 의사 결정 과정에 불만이 거의 없었다. B고에서 내내 학년부에 근무하고 있는 시경쌤도 학년부 선생님들과의 소통이 주는 편안함이 매우 소중하다고 느낀다. 담임선생님들마다 각자 가지고 있는 교육관은 다르지만 함께 차를 마시고 이야기를 나누는 시간을 통해 서로 납득할 수 있는 생활지도의 방향을 정한다. 학년부가 주체적으로 교육의 방향을 정하고, '한목소리'로 교육하는 것은 교사에게도 학생에게도 장점이 된다.

같은 학년 담임교사들이 모여 있으면, 일종의 '작당 모의'도 쉬워진다. 같은 아이들을 대상으로 수업을 진행하고 있는 다양한 교과 교사들이 여러 명 모여 있어 프로젝트 수업에 대한 논의도 쉽게 시작할 수 있다. '프로젝트 수업'이라는 거창한 이름이 아니더라도, "요새 선생님은 국어에서 어떤 부분 가르치고 있어요?", "요새 과학에서는 애들이 무슨 내용을 배우고 있어요?" 등등의 이야기를 하다 보면 "어! 지금 내가 가르치는 부분이랑 뭔가 공통점이 있네. 우리 수업을 한번 엮어서 해 볼까?"와 같은 이야기가 툭 나오기도 한다. 지수쌤은 C고의 1학년부에서 주제통합 수업을 운영했는데, 이런 사소한 대화에서 시작해서 다른 교과 선생님과 함께 '환경 및 기후 위기'를 주제로 비슷한 결의 국어, 미술, 과학 수업을 동시에 진행했다. 유진쌤이 근무하는 D고에서도 지난 몇 년간 이어 오던 사회 현안 프로젝트 수업을 올해부터는 학년부 선생님들 중심으로 개편했다. 1학년의 '지구와 나', 2학년 '공동체와 나'라는 테마로 여러 과목과 학급 창체에서 함께 프로젝트 수업을 진행한다. 과목 간의 융합을 넘어 학년 교육과정을 만들어 가는 경험이 가능한 것은 학년부 체제의 힘이 크다.

학년 행사를 '작당 모의'하기도 좋다. C고에 온 첫해에 지수쌤은 1학년부 선생님들과 이런저런 이야기를 하다가, "우리 애들이랑 같이 뮤지컬이나 보러 갈까?" 하는 한마디에 학년 차원에서 뮤지컬 관람 행사를 추진해 즐거운 시간을 보냈다. 그 전년 2학년부에서는 담임선생님들과 함께 크리스마스 이벤트를 기획하기도 했다. 학생들이 몇 가지 미션을 수행해 오면 경품 추첨에 참여할 수 있게 하는 즐거운 이벤트였다. 처음엔 지수쌤을 비롯한 몇몇 선생님들끼리 논의하며 준비하던 일이었지만, 어느새 학년부 선생님들 모두가 더 즐거운 이벤트를 만들기 위해 더 재미있는 미션은 무엇이 있을까, 어떤 상품을 준비하면 아이들이 기뻐할지 머리를 맞대고 고민하게 되었다. 2학년 복도에 크리스마스 기념 포토존을 만들어 보고자 현수막과 행거를 주문하고, 크리스마스트리와 조명을 주문하고, 설레는 마음으로 선생님들과 포토존을 장식했다. 엉성하지만 나름대로 구색을 갖춘 포토존에서 친구들과 사진을 찍고 난 C고 학생이 "이래서 나는 우리 학교가 좋아."라고 말하는 것을 듣고 지수쌤은 기분이 참 묘하면서도 가슴이 벅차올랐다. 시경쌤 또한 B고 2학년부 선생님들과 '학년 체육대회'를 개최했다. 코로나 시대에 입학해 등교조차 제대로 하지 못했던 학생들에게 팬데믹 3년 차를 맞는 올해도 변변치 않은 봄 소풍으로 '때우자'고 할 수는 없었기에, 담임선생님들과 으쌰으쌰 힘을 모아 학년 체육대회를 연 것이다. 체육대회를 운영하는 학교들은 대체로 체육교과와 학생회를 중심으로 행사를 준비한다. 만만치 않은 규모이기 때문이다. 학년부에는 학급 수만큼의 '아이디어 뱅크'들이 존재한다. 바로 학생들의 성향을 제일 잘 아는 담임교사들이다. 학생에 대한 이해도가 높으니 학생들의 반응을 예측해 종목 선택과 난이도 조절을 하기 쉽고, 매일 같은 자리에서 만나는 사람들이니 업무 협조도 원활해진다. 업무는 이렇게 나름 재미있고, 해 볼 만한 '작당 모의'가 된다.

담임을 하기에 학년부만큼 좋은 부서가 없다. A고에서는 신규 교사들에게 담임을 주지 않는 것이 배려였지만, 학년부와 업무 부서로 체제를 나누어 운영하는 B고, C고, D고에서는 오히려 신규 교사들이 학교생활에 수월하게 적응할 수 있도록 학년부에 배치하는 배려를 하고 있다. 학교가 어떤 곳인지, 담임은 어떻게 해야 하는지 막막하다고 이야기하는 순간 옆에 있던 선생님들이 구름떼처럼 달려들어 이것도 알려 주고 저것도 알려 준다. 1년 동안 부서 선생님들의 세심한 배려를 받은 신규 교사는 그다음 해 발령받는 신규 교사에게 도움을 주는 선순환이 일어난다. 우리는 학교에서 멋지고 따뜻한 동료 교사들을 아주 많이 만났다. 이런 멋진 동료 한 명 한 명이 모여 열 명이 되고, 이들이 동학년 담임의 이름으로 한 공간에 모여 시너지 효과를 낼 수 있었던 것은 학교에 '학년부 체제'가 굳게 자리 잡고 있었기 때문이다.

혁신학교에서 시작해 가장 대중적으로 퍼진 학교의 제도적 변화를 꼽자면 학년부제가 아닐까 싶다. 이것이야말로 '학생 생활교육'이라는 교육 본연의 업무를 해 나가는 데에는 학년부제가 제격이라는 반증이며, 학교 제도를 바꾸는 것이 생각보다 어렵지 않다는 증거가 아닐까.

학교에서 학년부 체제를 채택하고 있다는 것은 그 학교의 운영 철학과 방향을 보여 주는 것이라고 생각한다. 담임을 행정 업무에서 떨어트려 학생을 만날 에너지를 비축하도록 도와주어야. 담임이 담임 본연의 역할에 편안히 집중할 수 있어야. 학년 하나가 잘 돌아가야 학교 전체가 잘 돌아간다는 철학. 우린 이 철학에 찬성이다.

## 처벌에 앞서 회복을 지원하는 학생부

2016년 3월, 유진쌤과 효정쌤은 A고 학생생활지원부에서 처음 만났다. 발령 첫해였던 효정쌤은 그곳에서 학교폭력 업무를 담당했다. 이름부터 무시무시한 업무이긴 하지만, 부서의 이름에서 읽을 수 있듯 '지도'가 아닌 '지원'에 방점이 찍혀 있어 학교가 추구하는 생활교육의 방향성이 여느 학교와는 조금 다름을 감지할 수 있었다.

학기초부터 다양한 학생들이 학생부로 소환되었다. 일과 중에 학교 밖으로 나가 몰래 흡연하다 걸린 학생, 수업 중에 몰래 휴대폰을 사용하다 걸린 학생, 교사의 지도에 불응하고 계속 수업 방해 행동을 한 학생 들이 줄줄이 소환되었다. 여기까지는 여느 학교의 모습과 다르지 않았다. 그런데 다른 점이 하나 있었다. 학생들의 잘못을 지적하며 호통치거나 윽박지르는 교사가 없었다. 긴 시간 학생과 면담하며 왜 그런 행동을 하게 되었는지 이야기를 나눴고 그 행동이 공동체에 어떠한 영향을 미쳤는지 스스로 생각할 수 있도록 이끌었다. 손뼉도 마주쳐야 소리가 난다는 말이 있듯이 처음에는 불만으로 가득 차 씩씩거리던 학생들이 어느새 감정을 누그러뜨리고 자신의 행동을 되돌아보고 있었다. 사람들은 흔히 이런 말을 한다. "알고 보면 나쁜 사람은 없다." 여기서 '알고 보면'이란 그 사람에 대한 이해를 내포하는 말이다. 학생들도 마찬가지다. 여러 문제 행동으로 교사를 힘들게 하는 학생들도 긴 시간 이야기를 나누다 보면 그 학생을 이해하게 되고 '알고 보니 괜찮은 학생'이 된다. 물론 이후에도 같은 실수를 반복하는 학생도 있었지만 적어도 지도 과정에서 불필요하게 감정을 소비하거나 기분이 상하는 일은 거의 없었다. 앞선 대화의 과정에서 학생은 이미 선생님이 자신에게 '잔소리'를 할 때의 마음을 알았고, 교사가 자신의 변화를 진심으로 바라고 있다는 것을 깨달았기 때문이다. 물론 여기까지 도달하는 데 걸리는 시간은 학생마다 천차만별이었지만 교사들은 쉽게 포기하지 않았다.

혁신학교 안에서도 한편에서는 잘못한 학생들을 엄중하게 문책하고 처벌해서 '일벌백계'의 본보기로 삼아야 한다는 목소리도 있다. 학생들이 잘못한 부분에 대해 따끔하게 훈계하거나 강력히 처벌하지 않고 좋은 말로만 타이르려 하기 때문에 문제 행동이 개선되지 않는다는 목소리도 들려왔다. 상벌점이 있다면 감정을 소모하지 않고 간단하게 해결할 수 있는 문제를 자꾸 복잡하게 만들어서 교사를 불편하게 만든다는 의견도 있었다. A고의 학생지원부에서 오래 근무하며 효정쌤 또한 고민하곤 했다. 간혹 사안이 심각하거나 같은 문제 행동을 여러 번 반복하는 학생에게는 정말 따끔한 호통이 필요하지는 않을까 하는 의구심이 생기기도 했고, 한 번 크게 혼나면 무서워서라도 다시는 문제 행동을 반복하지 않을 것이라는 기대를 한 적도 있었다. 그러나 효정쌤은 몇 번의 경험을 통해 현재의 지도 방향이 틀리지 않았음을 깨달았다. '따끔한 훈계'의 과정에서 '훈계'는 사라지고 '따끔함'만 남는 부작용을 경험했기 때문이다. 한 번은 어떤 선생님께서 수업 중 휴대전화 사용으로 학생과 실랑이를 벌이다가 서로 언성이 높아져 감정이 격해진 상태에서 학생을 학생부로 데리고 온 적이 있었다. 학생은 수업 시간에 휴대전화를 사용한 것에 대한 잘못을 인정하기보다는 지도 과정에서 선생님이 말을 너무 심하게 했다며 분노했고 결국 학생부 문을 박차고 나갔다. 또 한 번은 수업 시간에 친구와 떠들다가 따끔한 훈계를 들었던 학생이 선생님의 지도에 대한 불쾌함을 여과 없이 표출하다가 결국 선생님에게 욕설을 하여 교권보호위원회에 회부될 위기에 처하기도 했다. 안타깝게도 두 학생 모두 자신의 잘못을 인정하고 깨닫기보다는 자신을 훈계한 교사에게 서운함과 불쾌한 감정을 토로하는 데에 그쳤다. 이 외에도 교복 치마가 너무 짧다며 불러 세워 훈계를 하거나 화장이 너무 진하다며 지우고 올 것을 강요하거나 사복 착용을 지적하며 교복 착용을 강제하는 경우 학생들은 지도의 목적과 이유를 전혀 공감하지 못했고 자신의 행동을 개선하기보다는 해당 선생님을 피해 다니는 것을 선택했다. 따끔한 훈계라는 것이 생각보다 효과가 크지 않았고 지속성도 매우 짧았다. 더 큰 문제는 따끔한 훈계의 과정에서 부정적이거나 격화된 감정이 개입되어 문제의 본질을 흐리는 경우가 많다는 것이다. 따끔한 훈계란 'You-messege'에 집중되기 마련이다. "네가 이러면 되겠니?", "네가 학생인데 이게 맞는 태도라고 생각하나요?"와 같이 잘못을 지적하는 방식이다. 자신을 향한 비난의 화살을 직격으로 맞은 학생은 이전의 잘못보다는 당장의 아픔에 반응하게 된다. 그 결과 쏟아져 나오는 학생의 강한 반발은 결국 교사에게 큰 내상을 입힌다. 그렇게 문제의 본질은 사라진 채 상처받은 두 사람만 남는다.

A고에서 많은 교사들이 실천했던 회복적 생활교육을 통해 학생들에게 스스로 문제 행동에 대한 성찰을 하고, 피해를 회복하며 행동을 개선할 수 있는 기회를 주었다. 생각보다 효과가 크고 지속성이 오래 유지됐다. 이러한 이유로 엄중한 지도가 필요하다는 목소리에도 불구하고 A고의 많은 교사들은 관계성 향상을 통해 평화로운 공동체를 만들어 가는 회복적 생활교육을 실천하기 위해 노력했다. 통제 중심이 아닌 존중과 자발적 책임과 협력을 경험한 학생들은 점차 공동체를 긍정적으로 인식하기 시작했다. 게다가 회복이 교사에게도 적용된다는 점이 큰 장점이었다. 학생의 문제 행동에 대해 벌점을 주고 끝나는 방식은 간단해 보이지만 찜찜함을 남긴다. 따끔하게 훈계를 하다 틀어진 교사-학생의 관계는 좋은 의도로 교육을 시도했던 교사에게 크나큰 상처를 남긴다. 과정이 매우 번거롭고 시간이 오래 걸리는 것처럼 느껴지지만, 대화와 소통을 바탕에 둔 생활지도는 교사의 회복에도 도움을 준다. 나의 의도와 감정을 학생에게 전하고 학생의 진실된 마음을 듣는 과정은 매우 중요하다. 교사는 매일 학생을 만나며 끊임없이 상처받고 회복하며 살아간다. 문제를 마주하고 대화를 시작하는

순간은 너무나도 힘들지만, 그 과정은 분명 교사의 회복탄력성을 높여 줄 것이다.

효정쌤은 여전히 A고의 학생생활지원부에서 근무하고 있다. 올해 초반 A고 3학년 학생이 등교하자마자 학생생활지원부로 찾아왔다. 본인이 어제 어떤 학생과 다툼이 있어서 그 학생을 때릴 뻔했는데 일단 선생님들께 먼저 말해야 할 것 같아서 꾹 참았다며 선생님께서 중재를 해 달라고 했다. 보통의 학교에서 '학생부'의 업무라고 하면 싸움이 벌어진 후에 후속 조치를 하는 경우가 대부분인데, 당사자가 직접 학교폭력을 일으킬 것 같으니 중재해 달라고 찾아온 경우는 처음이라 당황스러웠다. 더군다나 이 학생은 중학교 때부터 크고 작은 문제 행동을 이어 왔기에 '요주의 인물'로 여겨지던 학생이었고, 한 번 화가 나면 분노를 조절하기 어려워 여러 차례 학교폭력을 일으켜 가해 학생 조치를 받은 경험도 있는 학생이었다. 이번에는 학생이 솔직한 감정을 토로하며 찾아왔기에 다행히 관련 학생들과의 대화 모임을 시도할 수 있었고, 평화롭게 갈등을 해결하여 학교폭력 사안을 사전에 예방할 수 있었다. 이 학생의 교무실 방문은 교사들이 학생들을 하나의 인격체로 존중하며 신뢰를 쌓아 온 그동안의 노력이 헛되지 않았음을 확인하는 계기가 되었다. 일단 학생생활지원부라는 공간을 처벌의 공간, 들어가면 큰일 나는 공간으로 인식하지 않았기에, 학생은 망설임 없이 교무실 문턱을 넘나들 수 있었을 것이다. 지난 2년간의 경험을 통해 이 학생에게는 학생생활지원부가 앞뒤 사정도 듣지 않고 무조건 학생을 몰아세우지 않을 거라는 믿음이 있었던 것이다. '내가 도움을 요청했을 때 일방적으로 잘못을 탓하거나 훈계하는 곳은 아니'라는 믿음, '학생의 입장에서 충분히 이야기를 들어 주고 공감해 주며 함께 해결 방안을 모색해 줄 것'이라는 신뢰가 바탕에 있었기 때문에 가능한 행동이었을 것이다. 이 학생 이후에도 몇몇 학생들로부터 학교폭력 사전 예고가 있었다. 학교폭력 '사전 예방'은 들어 봤어도 학생들이 직접 하는 '사전 예고'는 처음이었다. 지금까지 피해 관련 학생이 자신의 피해를 호소하며 찾아오는 경우는 종종 있었지만 가해 관련 학생이 먼저 찾아오는 경우는 한 번도 없었다. 최근 들어 많은 학생들이 자신의 분노를 현명한 방법으로 가라앉혀 주길 희망하며 직접 찾아와 준 덕분에 갈등의 골이 깊어지기 전에 평화로운 방식으로 여러 번 갈등 상황에서 회복될 수 있었다. 오늘도 학생생활지원부 문이 열리고 화가 잔뜩 난 학생이 씩씩거리며 들어온다.

"선생님, 제 말 좀 들어봐 주세요."

처벌이 아닌 회복을 지향하는 생활교육의 실천은 담임교사들을 통해 학급에서도 이루어졌다. 학급에서는 회복적 생활교육의 과정 중 하나인 '신뢰 서클'을 지속적으로 실시했고, 학생들은 갈등을 자연스러운 것으로 받아들이고 자율적으로 해결 방안을 모색하는 과정을 통해 공동체의 힘을 길렀다. 효정 쌤은 '학급 신뢰 서클'이 주는 힘을 A고 발령 2년 차에 느꼈다. 이때 맡았던 학급에는 다양한 개성으로 똘똘 뭉친 구성원들이 있었다. 학생들은 매우 자유분방하였으며 학생들끼리는 친했지만 너무 친한 나머지 수업 분위기는 그야말로 최악이었다. 너무 소란스러워서 교과 선생님들로부터 매번 지적을 받았고, 한 번도 화를 낸 적이 없는 선생님도 처음으로 화를 내고 나가기도 했다. 이에 학업 성적에 신경을 많이 쓰는 몇몇 학생들은 수업 시간에 떠드는 학생들에게 불만을 갖기 시작했다. 2학기가 시작되어도 나아질 기미가 보이지 않자 이 학생들이 교무실로 찾아왔다. 그리고 효정쌤에게 "선생님, 저희 1학기 때 했던 신뢰 서클 또 해요."라며 제안했다. 떠드는 학생들에게 조용히 하라고 말하고 싶지만 그러면 그 학생들이 기분 나빠할 수도 있을 것 같다며 지금의 좋은 관계를 유지하면서 면학 분위기를 조성할 수 있는 방법을 찾고 싶다고 했다. 딱딱한 방식의 회의와는 달리 동그랗게 앉아 서로의 심정을 한마디씩 나누는 서클의 방식을 더 편안히 여긴 것인데, 효정쌤은 그런 제안을 해 준 학생들이 무척 고마웠다.

일상적으로 운영하던 '신뢰 서클'과는 달리 문제상황이 발생했기에, 학급 창체 시간을 활용하여 갈등 회복을 위한 '문제해결 서클'을 열었다. 큰 강아지 인형을 토킹스틱 삼아 편하게 껴안고 보듬으며 학생들은 속에 있던 이야기들을 나눴다. 서클의 결과 학급 팻말을 만들자는 의견이 나왔다. 다음 날 곧바로 8절 하드보드지를 구입해 팻말 제작에 들어갔다. 재치 있는 사진이나 그림을 붙이고 그 아래 전달하고자 하는 멘트를 덧붙이는 형태의 팻말이었다. 학생들은 모둠별로 팻말에 들어갈 사진과 그림을 골랐고, 적당한 사진을 못 찾았을 때에는 직접 촬영하거나 그렸다. 그림 밑에 덧붙일 멘트도 함께 고민하며 팻말을 제작했다. 예를 들면 짱구가 귀를 막고 있는 그림 아래 '노래는 그만'이라는 멘트를 덧붙이거나, 입을 벌리고 깜짝 놀라는 표정을 한 사람들의 사진을 쭉 붙인 후에 '고막 충격'이라는 멘트를 덧붙였다. 만화 캐릭터들이 일렬로 차렷 자세로 서 있는 그림 아래 '앉았으면 좋겠다.' 등의 멘트를 덧붙이기도 했다. 의사를 명확히 전달하면서도 상대방의 기분이 상하지 않도록 재치 있는 문구를 함께 고민했다. 사실 그 팻말은 거의 사용되지 않았지만, 일주일에 걸친 제작 기간 동안 이미 학급 안의 변화는 시작됐다. 놀랍게도 수업 분위기가 점점 좋아진 것이다. 수업 시간에 습관적으로 노래를 흥얼거리던 학생들은 수업 시간에 노래 부르기를 자제했고, 수업 중에 수다를 떨던 학생들도 수업이 시작되면 공부에 방해가 되지 않도록 떠드는 행동을 자제했다. 굳이 팻말을 들지 않아도 그것을 만드는 과정에서 자신의 행동이 타인을 불편하게 했다는 사실을 알게 되었기 때문이다. 자신이 끼친 불편을 감정적으로 전달하지 않고 최대한 자신들을 존중하면서 해결하려고 노력했던 데서 감동을 받은 것이다. 내가 친구들에게 배려받은 만큼, 나 또한 친구들을 배려하고 행동을 자제해야겠다는 생각을 갖게 된 것이다. 타인으로부터 존중받은 경험은 타인을 존중하는 태도로 이어졌고 자연스레 서로를 존중하는 평화로운 교실의 면모가 갖추어져 갔다.

2021학년도 학교 평가에서 A고는 '학생을 존중하고 배려하는 학교문화가 형성되어 있다.'라는 항목에 전혀 아니다 2명, 아니다 8명, 보통 43명, 그렇다 57명, 매우 그렇다 30명으로 평균 3.8점을 받았다. '전혀 아니다'와 '아니다' 항목이 10명인 것을 보면 학생들이 비교적 긍정적으로 평가하고 있는 것을 알 수 있다. 이뿐만 아니라 대부분의 학교 평가 항목에 대해 3.5점 이상으로 평가하였다. 익명성이 보장되어 제법 신랄한 평가가 이루어지는 학교 평가에서 대부분의 학생들이 학교에 대해 긍정적인 인식을 가지고 있음을 알 수 있었고, 서술형 평가에서도 의미 있는 교육 활동과 개선이 필요한 교육 활동에 대해 진심 어린 이야기들을 써 내려간 것을 보면서 학교 공동체에 대해 애정을 가지고 있음을 느낄 수 있었다.

혁신 고등학교 학생들 사이에서 늘 공통적으로 회자되는 이야기가 있다. '울면서 들어와 한 학기 만에 좋아하게 되는 곳'이라는 말이다. 엄중한 입시의 현실이 존재하는 대한민국에서 혁신 고등학교를 1지망으로 선택해 진학하는 학생은 현실적으로 드물다. 각자의 오해와 편견으로 울면서 진학한 혁신학교에서 학생들은 대부분 존중을 경험한다. 그리고 그 존중 경험의 핵심에는 여느 학교와는 다른 '학생부'가 있다. A고의 학생생활지원부, B고의 생활교육안전부, C고의 학생안전복지부, D고의 인권상담안전부는 흔히 생각하는 '일벌백계'와 '처벌'의 방식이 아닌 '성찰'과 '회복'에 집중한다. 새로운 학교를 상상하는 것의 시작은 다름 아닌 이곳이다.

## 돌봄을 중심에 두는 학교

학교에서의 돌봄은 교육복지와 맥을 같이한다 해도 과언이 아

닐 것이다. 혁신학교는 경제적으로 취약한 지역에 주로 설립
됐다. 지금은 여러 연구 결과들로 인해 그 오해가 풀려 가고
있지만 여전히 혁신학교가 학력 저하의 원인이라는 오해는 이
어지고 있고, A고 또한 여기에서 자유롭지 않다. 실제로 A고
는 지역 특성상 가정 형편이 넉넉하지 못한 학생들이 많다. 대
부분의 보호자들은 학생의 학업에는 나름 관심을 가져 주시
는 편이지만 그 외에 문화 체험이나 심리적 지원 부분에 있어
서는 취약할 수밖에 없다. 교육은 책상 위에서 교과 학습을 통
해서만 이루어지는 것은 아니기에 A고의 교육 활동은 학생들
에게 결여된 활동들을 다양하게 배치하고, 학생의 직접 체험
과 경험을 통해 사고의 폭을 넓히는 방향으로 구성됐다. 그렇
게 쌓인 자기효능감과 행복감이 학생들의 진학과 진로 모색에
도 도움을 주었고, 더 깊은 교과의 이해를 증진시켰다. 이러한
목적으로 진행한 것이 A고의 3대 기행(문학 기행, 역사 기행, 생
태/천문 탐사)을 비롯한 다양한 체험 활동이었다. 책상에 앉아
서 책을 읽고 실험하는 것이 아니라 직접 여행을 하며 보고 듣
고 느끼고 겪으면서 경험과 이해의 폭을 넓히는 것이다.

　수원화성, 강화도 등으로 떠나는 1박 2일 역사 기행에서 학
생들은 직접 역사적 장소들을 탐방하고 팀별로 주어진 미션
을 수행했다. 여기서 학생들은 가이드를 따라 설명을 듣는 경
험을 넘어 직접 문화재를 다양한 각도로 바라보게 되었다. 탐
방을 마친 후에는 숙소 강당에 모여 직접 보고 느낀 것을 바탕
으로 프로그램을 진행했다. 수원화성과 관련된 상품을 제작
한 후 쇼호스트가 되어 홈쇼핑 판매를 해 보기도 하고, 강화도

를 배경으로 병인양요의 장면을 연극으로 만들어 공연하기도 했다. 봉평에서 진행했던 문학 기행에서 이효석 소설 뒷이야기를 각색해 촌극 공연을 했을 때 보여 준 학생들의 재능과 생태 탐사에서 조용히 탐조에 매진하던 학생들의 집중력, 양평 소나기 마을을 방문했을 때 박물관 앞마당에서 학생들과 함께 맞은 소나기와 천문 기행에서 함께 봤던 쏟아지는 별들은 지금까지도 잊을 수 없는 추억이다. 교과서 속에서 배운 지식을 몸으로 정교화시키고 추억으로 마음에 새기는 기행은 분명 학습과 돌봄의 확장이었다.

기행 외에도 교사들은 다양한 체험 활동을 시도한다. A고에서 효정쌤은 체육 수업으로 배구, 농구 등을 배우고 수행평가를 마치면 학생들과 함께 직접 경기를 관람하러 간다. 학생들이 직접 티켓을 구매해 보고 실제 경기를 참관해 응원을 하면서 스포츠 관람 문화를 경험한다. 효정쌤은 관심 있어 하는 학생들을 데리고 야구, 배구, 농구 등 여러 차례 다양한 지역에 있는 구단을 방문해서 경기를 관람했다. 관람을 마치면 학생들이 이런 이야기를 한다.

"경기 관람을 해 본 적이 없어서 어떻게 하는지 몰랐는데 생각보다 경기장도 멀지 않고 영화 보는 것보다 가격도 저렴하네요?"

가끔 페이스북이나 인스타그램을 통해 재학생이나 졸업생들이 친구들과 야구, 농구, 배구 등의 스포츠 경기를 관람하고 후기를 남긴 것을 볼 때면 품이 좀 들어도 데리고 가길 잘했다는 생각을 한다. 스포츠에는 다양한 사람들이 존재한다. 수업에서 직접 뛰는 선수의 경험을 배운다면, 경기장 나들이를 통해서는 스포츠 산업 소비자로서의 경험, 경기장의 운영과 마케팅 등 스포츠를 둘러싼 다양한 경험을 폭넓게 갖게 된다. 담임교사들도 학급 학생들과 함께 다양한 체험 활동을 한다. 수상 레저스포츠 체험을 하러 가는 학급도 있고, 타 지역으로 기차를 타고 여행을 가는 학급도 있다. 학년 단위로 이루어지는 수학여행이나 수련 활동과는 별개로 이루어지는 활동이다. 이러한 체험 활동을 계획하고 실행하는 과정에서 예산 문제나 안전상의 문제로 가지 말라는 반대에 부딪히는 경우는 거의 없었다. 왜 힘든 고생을 사서 하냐며 유난스럽다는 시선을 받기도 하지만 학생들에게 의미 있는 활동이 될 거라며 옆에서 힘을 실어 주는 동료 교사들이 훨씬 더 많기에 용기와 힘을 얻는다. 예산이 부족하면 지원 방안을 함께 모색해 주고, 안전한 활동이 이루어지도록 사전에 도움을 주거나 인솔 교사로 함께 참여해 주는 동료 또한 늘 있었다. 외부 체험형 활동 외에도 독서토론, 교내 아카데미, 진로 캠프, 진로 멘토링, 학술제 등 다양한 교육 활동을 계획하고 운영한다.

이 모든 교육 활동의 중심에는 항상 '학생'이 있다. 기획 단계에서부터 A고의 교사들은 목표를 '돌봄'과 '경험'에 둔다. 지역과 가정환경의 차이로 인해 생길 수 있는 격차를 학교의 교육 활동으로 메우기 위해 노력한다. 학생이 자신의 다양한 역량을 발휘할 수 있고 자기효능감과 행복감을 느낄 수 있다면 일단 시도한다. 이러한 활동은 모든 활동이 업무 담당자 1인의 몫이 아니라 자발적으로 아이디어를 제공하고 협업하는 열린 소통 구조에서 시작되어 발전하기에 가능한 일이다. 국어 교사가 아님에도 문학 기행에 참여하고, 영어 교사가 역사 기행에서 모둠 하나를 맡기도 한다. 내년에는 어떤 걸 해 볼지 아이디어를 던지는 동료 교사들이 있기에 예산, 안전, 번거로움 등의 문제는 '해결할 문제'일 뿐 교육 활동을 '저지할 이유'로 작용하지 않는다.

우리가 근무하는 학교에는 학생들과의 밀착 상담을 하는 교사가 많다. 짧게는 한 시간에서 길게는 서너 시간을 훌쩍 넘기며 상담을 하는 경우도 있다. 참으로 비효율적인 상담 같아 보인다. 얼핏 보면 별별 시시콜콜한 이야기를 하며 시간 낭비를 하는 것 같기도 하다. 그러나 긴 시간 공들인 상담은 학생을 온전히 이해하는 데 많은 도움이 된다. 학업에 대한 상담뿐만 아니라 가족이나 친구와의 갈등, 어릴 적 겪은 상처로 인한 트라우마, 좋아하는 연예인, 연애 고민, 진로 고민 등 학생을 둘러싼 다양한 이야기를 들을 수 있다. 상담의 내용도 도움이 되지만 별별 이야기를 다 나누는 돈독한 사이가 되기도 한다. 나의 사소한 이야기에도 귀를 기울여 주는 이와의 대화를 통해 배려와 존중을 배우고 이는 관계성 향상에 큰 도움이 된다. 교사와의 신뢰가 두터워지면 학생들은 교사와 학교를 안전하다고 느낀다. 교사를 전적으로 신뢰하기 때문에 내밀한 부분에 대한 고민까지 털어놓는다. 이를 통해 학생이 겪는 학업이나 정서적인 문제 외에도 아동학대, 학교폭력, 자해 행위 등 중요한 위기 상황을 포착할 수 있는 기회를 얻기도 한다. 교사와 학생의 신뢰 가득하고 친밀한 관계는 일상에서 이뤄지는 자유로운 상담을 가능하게 한다. 담임교사가 날짜와 시간을 정해서 하는 정식 상담 외에도 교과 교사를 통해서도 수시로 상담이 이루어진다. 쉬는 시간이나 점심시간에 복도나 휴게실에서 가볍게 이야기를 나누다 자연스레 고민을 털어놓는다. 교사로서 상담을 할 때도 있지만 때로는 친구, 언니, 오빠, 이모, 삼촌, 엄마, 아빠가 되어 인생의 경험을 공유하기도 한다.

지난해 가을, A고에서는 과학 선생님의 일상적인 상담으로 한 학생이 여름방학 중에 극단적 선택을 시도하려 했던 사실을 알게 되어 위기관리위원회를 개최한 일이 있었다. 말수가 없는 조용한 학생이었지만 평소 묵묵하게 자신이 맡은 일을 잘하는 학생이었고 학업 성적도 우수했으며 담임교사와의 개인 상담 때도 별다른 고민을 털어놓지 않던 학생이었다. 평소 과학 과목에 관심이 많았고 과학 선생님과 친밀한 관계를 형성하고 있었기에 점심시간에 이런저런 가벼운 이야기를 나누다가 아버지의 지속적인 폭언으로 인한 갈등을 겪는 데다, 최근 가장 친했던 친구와 다툼으로 멀어지면서 상당한 스트레스를 받고 있다는 이야기를 듣게 되었다. 여름방학에 스트레스로 한참 괴로워하던 상황에서 또다시 아버지의 폭언을 듣게 되었고 학원을 가는 길에 우발적으로 극단적 선택을 할 목적으로 지하철을 타고 한강으로 향했다는 것이다. 해당 교사는 즉시 관리자에게 보고를 하였고 위기관리위원회를 개최하여 학생을 보호할 수 있는 방안을 모색할 수 있었다.

돌봄의 대상에는 교사도 포함된다. 학교 구성원 간 협업 구조와 긍정적 관계 맺음을 통해 교사 역시 돌봄과 치유를 경험한다. 업무적으로나 정신적으로 힘든 점들을 함께 나누고 다시 나아갈 힘을 얻는다. A고에 신규 발령을 받았던 한 동료 교사는 지난해에 A고에서의 5년을 마치고 새 학교로 발령을 받았다. 학급 수가 많은 학교로 옮기자 업무량은 확실히 줄어들었지만, 학교생활이 많이 힘들다고 호소했다. 가장 힘든 점으로는 교사들 간의 소통 부재를 꼽았다. 큰 학교라 교사 수가 많아서인지 한 교무실을 쓰는 옆자리 교사끼리도 서로 관심이 없다는 것이었다. 힘든 일을 터놓고 이야기할 수 있는 동료 교사가 한 명도 없어서 학교생활이 삭막하고 힘들다고 했다. A고에는 많은 선생님들이 은밀히 사용하는 '커타 고고(커피타임 고고)'라는 유행어가 있다. 차를 한잔하면서 담소를 나누자는 뜻이다. 업무상 자문을 구할 일이 있거나 속상한 일이 생기면 자연스럽게 메신저를 열고 차 한잔할 동료 교사를 찾아 '커타 고고'라는 메시지를 보낸다. 선후배를 막론하고 담소를 나눌 동료 교사가 많다는 것은 학교가 교사에게 제공할 수 있는 최고의 복지이자 '돌봄'이다.

# 교사도 성장하는 학교

## 교사, 업무의 주체가 되다

서로 신뢰할 수 있는 동료 관계는 교사들에게 매우 편안한 업무 환경을 만들어 준다. 그러한 관계 속에 있는 교사들은 실수하고 잘못할까 두려워하지 않는다. 내가 조금 못해도 동료 선생님들이 있으니 괜찮을 거라는 믿음이 생긴다. 이런 관계는 교사들에게 더 큰 동기를 부여한다. 동료 교사들이 자신을 신뢰해 준 만큼 그 신뢰에 보답하고 싶어지기 때문이다. 업무가 빨리 끝내고 없애야 하는 귀찮은 일이 아니라, 자신과 동료 교사 그리고 학교의 철학을 보여 주는 것일 때, 게다가 더 잘하고 싶은 것이 될 때 교사는 업무의 주체가 된다. 교사가 주체가 될 때 학교의 업무는 제대로 된 교육적 의미를 지닌다.

특히 저경력 교사는 동료 교사들로부터 업무에 관하여 신뢰를 받는 경험이 매우 중요하다. 우리 역시 교직 생활 초반에 주변 선생님들로부터 신뢰받은 경험이 너무 소중했다. 사실 학교 경험도 사회 경험도 없었던 우리가 다른 교사들보다 특별히 더 잘할 수 있는 일 같은 건 없었을 것이다. 그러나 선생님들은 우리 한 사람 한 사람이 특별히 더 잘할 수 있는 일이 있다고 믿어 주었고, 선배와 후배의 관계가 아닌 동료로서 함께 일한다는 느낌을 주었다. 자잘한 업무에도 관심을 가져 주고 격려해 주었다. 조금 유치하지만 솔직히 칭찬해 주고 인정해 주니 참 좋았다. 스스로가 한 명의 교사로서 학교와 학생과 동료에게 꼭 필요한 일을 하고 있다고 느꼈다. 조언이나 충고보다는 격려와 신뢰가 우리에게는 더 중요했다.

이러한 신뢰 관계를 바탕으로 학교가 업무와 관련해 중요하게 여겨야 할 것은 '업무의 이유와 목적'에 대한 고민을 계속해야 한다는 것이다. 업무의 효율성을 높이는 꿀팁보다 왜 이 일이 필요하고 왜 이 일을 해야 하는지를 앞서 고민하고 소통하는 것이 중요하다. 교육적인 의미가 없는 업무는 교사를 지치게 한다. 교사들이 끊임없이 행정 업무 간소화를 외치는 이유도 실제로 업무가 간소화되지 않아서가 아니라 교육적인 의미가 없는 절차들이 여전히 남아 있기 때문이다. 복잡하고 힘든 일이어도 그것이 의미 있는 교육 활동과 연결되는 것이며, 그 의미를 교사가 확인할 수 있다면 교사들은 기꺼이 해낼 수 있다. 업무에서 소외되지 않으며, 교사로서 효능감을 얻고 성장하며 발전할 수 있는 것이다.

교사들은 업무를 진행하며 교육적 의미를 항상 생각해야 하고, 교육적 의미를 상실한 일은 과감히 삭제하거나 새롭게 고쳐 갈 필요가 있다. 그리고 그 주변에는 교육적 의미에 대해 함께 고민하며 교사의 판단을 지지해 줄 수 있는 동료들이 필요하다. 시경쌤은 A고 혁신부에서 근무하며 교내 학술 프로그램을 맡아 운영했다. 예년까지 다른 부서에서 운영되던 프로그램이었지만 초기에 도입되었던 목적과 방향성을 잃고 생활기록부 채우기용 행사가 되고 있다는 생각이 들었기에, 혁신부에서 해당 활동을 가져와 1년 동안 운영하기로 한 것이다. 처음에는 '내가 맡기로 했으니 온전히 내가 해결해야 한다'고 생각해 스트레스를 많이 받았다. 강사 섭외부터 참가 학생 모집, 학생들의 사전 독서 활동을 진행하고 메인 행사 기획과 운영까지 혼자서 챙겨야 할 일이 너무 많기에 프로그램 진행이 쉽지 않았다. 부서 선생님들은 시경쌤의 상황을 보고 적극적으로 일을 나누고자 했다. 먼저 프로그램의 목적과 방향성에 대해 이야기를 나누며 행사를 운영하고자 했던 목적과 이유가 퇴색되지 않도록 되새겨 주었다. 다른 부서 선생님들 역시 시경쌤이 진행하는 행사에 꾸준히 관심을 가져 줬다. 이번 주에는 어떤 활동을 하는지, 프로그램은 어느 정도 진행되고 있는지 오가며 확인해 주었다. 행사와 관련하여 학년부에서 도울 일은 없는지, 연계할 수 있는 다른 학교 활동은 없는지 꾸준히 물어봐 주었다. 부서 선생님들과 일을 함께 하면서 활동은 더 풍성해졌고, 다른 선생님들의 관심까지 더해지면서 프로그램은 의미를 찾기 시작했다. 애초에 학술 프로그램은 학생들이 한 가지 주제에 대해 깊이 있게 고민할 수 있도록 수업 이외의 학습경험을 제공하는 것을 목적으로 하고 있었다. 부서 선생님들과 시경쌤은 생활기록부를 위한 단순 강연 행사로 끝나서는 안 된다는 목적의식을 다지며, 학생들에게 책을 읽은 후 강연자를 만나고 이를 바탕으로 삶의 작은 변화를 만드는 경험을 제공하자고 방향성을 세웠다. 우리 사회의 다양한 '훈'을 비판적으로 고찰하는 책을 읽고 사전 토론을 진행했고, 이후 저자를 섭외해 강연회를 진행했다. 각 반에 퍼져 있는 프로그램 참가 학생들이 같은 책을 읽자 담임선생님과 교과 선생님들도 주제에 관심을 가져 주었고, 강연회에 많은 교사가 참여했다. 사전 활동을 하고 난 후에 가진 저자 강연에서 학생들은 적극적인 의견 나눔을 할 수 있었다. 이후 과정은 A고의 교훈을 바꾸는 것으로 이어졌다. 참가 학생들은 교내 설문조사와 캠페인을 통해 교훈에 담겼으면 하는 내용을 모집했고, 담임교사들은 학급 회의를 통해 이를 지원했다. 학생자치회와의 긴밀한 연결도 이후 과정이 의미 있게 진행되는 데 큰 도움이 되었다. '업무'로 맡은 활동 하나를 주체적으로 해 낸 경험은 소중하고 달콤했다. 혼자가 아니라 함께 고민하며 의미 있는 교육 활동을 만들어 낼 때 비로소 교사 개인이 학교 업무의 주체가 될 수 있다는 것을 느꼈다.

학교가 민주적인 문화를 갖추는 것도 매우 중요하다. 대표적인 것이 유연한 예산 편성과 운용이다. 혁신학교는 일반 고등학교들이 받는 예산 이외에 '혁신예산'을 편성 받는다. 이 비용은 전부 학생을 대상으로 하는 활동을 기획하고 운영하는 데 쓰인다. 시경쌤은 A고 혁신부에 근무하며 학년 초에 부서별로 교과별로 또는 교사 개인들에게 필요한 예산을 신청 받아 편성했다. 예산 집행 내역은 모두가 확인할 수 있도록 공개했다. 투명한 예산 집행은 교사들로 하여금 예산 걱정 없이 새로운 교육 활동을 진행하도록 도왔다. 학년 초에 계획이 생겼다면 예산 신청을 하면 되고, 학기중에 새로운 아이디어가 떠오르면 혁신부와 협의하면 되었다. 혁신부에서는 학교 혁신을 위한 의미 있는 행사를 운영하고자 한다면 추경을 통해서라도 얼마든지 예산을 마련해 주었다.

항상 열려 있으니 제안할 교육 활동이 있거나 필요한 예산이 있다면 언제든 혁신부를 찾으라는 말은 누군가에게는 반갑지만 누군가에게는 불안한 말일 수도 있다. 일 년의 계획을 잡고 교육 활동을 계획·실행하는 교사들은 가끔 "유연함을 따질 게 아니라 일 년의 예산을 잘 짜서 추경 없이 안정적으로 운영하는 것이 더 투명하고 좋은 것 아니냐?"고 말하기도 한다. 추경으로 인해 예산을 받는 활동이 있다면 반대로 타격을 입는 다른 학교 활동도 있을 수 있으니 구성원들에게 연초 계획을 바탕으로 한 예측 가능성이 지켜지는 것 또한 중요하다는 이야기다. 공무원으로서 주어진 예산을 알뜰살뜰히, 교사로서 예산을 교육적으로 사용하고자 예측 가능성과 안정성이 우선적으로 고려되어야 한다는 말도 맞다. 그러나 혁신부에서 지원하고자 하는 것은 새롭게 떠오른 교육적 아이디어가 예산의 이유로 상상에만 그치지 않게 하는 것, 시급한 필요성을 가진 사안이 어쩔 수 없이 밀리지 않도록 하는 것이다. 정해진 예산이라는 발목에 잡혀 좋은 아이디어, 필요한 교육 활동이 뒤로 밀리지 않도록 하기 위해서는 유연한 예산 활용과 집행이 중요하다.

사실 학교에서 새로운 행사를 진행할 때 실질적으로 가장 문제가 되는 부분은 예산과 관련된 것이 아닌가. 학년 초에 미리 계획되어 있지 않다면 예산을 확보하기 어려울 뿐더러 학년 초라 할지라도 기존에 운영되었던 행사가 아닌 새로운 행사를 계획한다는 것 자체가 부담스럽다. 혁신부에서 이뤄지는 투명하고 유연한 예산 집행은 이러한 부담을 덜어 준다. 학년 초에 행사를 계획하는 것이 가장 이상적이겠지만, 학생을 만나고 일상생활을 해 나가면서 더 필요한 교육이나 행사, 활동들이 생기기 마련이다.

A고에서 우리 넷이 함께 근무하던 때, 소수자 학생과 관련한 민감한 사안이 발생했다. 분명 학생의 정체성과 관련하여 폭력적인 상황이 진행되고 있었지만, 당시의 학교폭력 관련 규정상 가해 학생을 처벌할 수 있는 뚜렷한 규정이 마련되어 있지 않았다. 그렇다고 학교가 손 놓고 있을 수 없다는 것은 교사 대부분이 공감하는 문제의식이었다. A고는 이 상황을 심각하게 받아들이고 학생의 요구와 필요를 제대로 반영하기 위해 관련 학년 전체를 대상으로 제대로 된 인권교육을 진행하기로 했다. 이를 위해서는 제대로 된 교육 팀이 필요했는데, 이는 꽤나 많은 예산이 필요한 일이었다. 학기중에 예상치 못하게 발생한 사건을 위해 유용 가능한 예산을 쟁여 두는 학교는 없다. A고도 마찬가지였다. 그렇지만 교육의 목적과 시급함이 공유되었기에 학교는 다양한 예산을 활용하여 교육을 실행해 냈다. 만약 예산 운용이 폐쇄적인 학교였다면 예산 부족을 이유로 인권교육을 하지 못했을 수도 있다. 이 교육의 효과성을 우리가 명확히 알 길은 없다. 피해 학생이 제대로 회복되었는지도 알 순 없지만, 적어도 그 순간 학생과 교사의 판단에 따라 중요하다고 여겨진 교육 활동을 학교가 외면하지 않고 진행했다는 것은 분명 의미가 있었을 것이다.

이런 특수한 상황 외에도 학교의 많은 행사들은 학기중에

번뜩 떠오르는 아이디어에서부터 시작된다. 이를 실행하기 위한 예산을 지원받을 수 있을 거라는 믿음은 새로운 행사를 기획하고 실행하는 데 부담을 덜어 준다. 줄어든 부담은 새로운 활동, 지금 필요한 교육을 진행할 자신감이 된다. 자연스럽게 대화를 하며 떠오르는 아이디어들에 대해 "일단 한번 해 보자!"라고 말할 수 있는 것, "분명 활용할 수 있는 예산이 있을 거야."라고 이야기하는 것은 교사에게 큰 힘이 된다. 업무의 주체성을 교사에게 쥐어 준다.

협력적인 관계성과 업무의 주체가 되는 경험은 결국 교사들에게 학교의 방향성을 고민하는 사람이 관리자가 아니라 '우리'라는 것을 깨닫게 해 준다. 그리고 '우리'가 지향하는 바를 학교 안에서 실천할 수 있다는 믿음을 갖게 만든다. '배움의 공동체'로 유명한 '사토 마나부'는 그의 저서에서 배움의 공동체 철학인 '민주주의 철학'에 대해 이렇게 이야기한다.

우수한 교사들은 누구나 조용한 교사이다. 조용한 교사들이 맘 편하게 일할 수 있고 그들의 작은 목소리가 학교 운영에 반영됨으로써 학교가 활성화되고 질 높은 교육을 가능하게 한다. 학생도 교사도 교장도 학부모도 한 명 한 명이 주인공이 되어 협동하는 학교가 아니면, 학교 개혁은 성공할 수 없다.

우리는 학교 안에서 조용한 교사는 아니다. 하지만 어쨌든 우리가 경험한 학교는 교사의 크고 작은 목소리가 학교 운영에 반영되는 곳이었다. 다양하게 시도한 수업과 학급 활동 그리고 업무를 통해 학교 운영에 기여할 수 있었다. 학교는 교사를 업무의 주인공으로 만들어 주었고 앞으로 교사로서 즐겁고 행복하게 일하기 위해서 어떤 노력을 해야 하는지, 무엇이 필요한지 정확히 알려 주었다. 학교에서 주인공이 되어 본 경험은 학교와 교육에 대한 애정을 급격하게 높여 준다.

## 신규 교사, 성장하다

학교라는 관료 조직에서 가장 말단을 차지하는 것이 바로 신규 교사일 것이다. 그렇지만 교사가 되어 우리가 처음 만났던 학교는 으레 말단에게 요구되는 순종적 팔로워십을 요구하지 않았다.

"선생님들 정보가 최신이잖아요. 우리한테 좋은 거 많이 알려 줘요."

"선생님들은 수업 어떻게 해요? 우리도 한 번 가서 들으면 안 될까요?"

"선생님, 해 보고 싶은 거 뭐 없어요? 그거 좋네, 어떻게 하는 거예요?"

교직 초반 만났던 A고의 선배 교사들이 늘 하던 말들이었다. 새로운 시도와 아이디어를 가져오는 동등한 일원으로 대우했고, 필요한 만큼의 결정권도 쥐어 주었다. '신입이지만 일은 경력직만큼 하고 그만큼의 책임도 지렴.' 식의 방임이 아니라 다양한 시도와 경험을 지원하며 교사로서 성장하도록 돕는 구조였다.

지금 생각해 보면 교직 첫해의 수업은 교생 시절만큼이나 무모했다. 가르치고자 하는 욕심을 내려놓지 못해 학생들을 허덕이게 만들기도 했고, 흥미와 진도 그 사이 어딘가를 헤매며 중심 없이 흔들리기도 했다. 모둠학습을 새롭게 진행한다는 말 한마디에 선배 선생님들이 수업을 보러 오고 싶다고 하셨다. "나는 아직도 모둠 활동이 어려워서요. 선생님한테 배우고 싶은데 어떻게 하는지 보러 가도 돼요?"라는 말은 부담스럽지 않았고, 우리는 흔쾌히 수업을 열었다. 20년 차 가까운 선배들의 눈에 신규 교사의 수업은 빈틈투성이었을 테지만 장학의 개념으로 수업을 참관하거나 조언하지 않았다. "요즘 거꾸로 수업이라는 게 있대요. 선생님이 하는 수업 보니까 관심 있을 것 같아서."라는 한마디에 유진쌤은 거꾸로 수업 연수에 참여했고, "선생님, 밥 먹고 잠시 시간 돼요? 우리 차 마시면서 얘기할까?"라는 한마디에 시경쌤은 수업 연구회 '깨알'에 참여하게 됐다. 잘된 수업도 망한 수업도 편히 나눌 수 있다는 것이 초보 교사로서 가지는 불안감을 얼마나 많이 잠재워 주었는지 모른다.

신규 교사인 우리에게는 처음 담임으로 학생들을 만나고 '학급 공동체'를 꾸리는 것 또한 설레면서도 두려운 일이었다. 아이디어는 많고 노하우는 적었던, 겁은 없고 열정은 넘쳤던 시기에 제지당하고 혼나는 경험이 아니라 아이디어를 실행으로 옮기는 법을 배울 수 있었다. 학급의 면학 분위기를 만들어 보고자 스터디 그룹을 운영했던 지수쌤이 그 계획을 나누었더니 옆자리 선생님은 예전 학교에서 제작했다가 남아 있던 스터디 플래너와 학급 게시용 달력 등을 지원해 주었다. 빵빵한 응원은 덤이었다. 효정쌤이 학년부 회의에서 "학급 여행 가도 되나요?"라고 했을 때 학년 부장님은 참고할 기안과 예산 사용 양식, 가정통신문 예시를 보내 주며 추진해 보라고 지원했고, 여행 당일에는 '몰래 온 손님'으로 찾아와 바비큐를 구워 주며 학생들과 축구도 한판 하고는 숙소 안팎을 슬쩍 돌며 안전까지 살펴 주었다. 학교에서 진행해 본 선례가 없다는 이유로 비난하지 않고, 직접 부딪히며 교육적 효과와 의미를 찾아갈 수 있도록 응원과 지원을 해 주었다. 그냥 함께해 주는 것만으로 '가르치지 않는 배움'을 주는 선배 교사들과 학교가 있어서 지지받는 기분으로 끊임없이 새로운 도전을 할 수 있었고, 이것이 우리를 주체성과 새로움을 고민하는 교사로 성장하게 했다.

게다가 '가르침은 위에서 아래로'라는 생각을 뒤집으며 신규인 우리에게 교사 연수의 기회를 주기도 했다. 학기당 한 번 전 교사가 모여 교육의 방향성을 점검하고 연수의 기회를 갖는 시간이 있었다. 이때 '수업 콘서트'라는 이름으로 우리 네 명을 비롯한 신규 선생님들의 수업이나 학급 활동 사례를 간단히 나누는 시간이 마련되었다. 교장 교감 선생님을 비롯한 전 교사가 함께하는 자리에서 조금은 무모하고 열정으로 가득한 경험과 생각을 말할 수 있게 해 준다는 것은 우리에게 그만큼 힘을 실어 주는 일이었다. 더 나아가 학교 대표 격으로 참여하는 연수나 발표의 자리에도 참여할 수 있었고, 교사로서 성장하는 즐거움을 맛볼 수 있었다.

## 함께, 더 잘하고 싶은 마음

### 체계성보다 관계성

시경쌤은 A고에서 3년 동안 혁신교육부 기획 업무를 맡았다. '혁신교육부'를 줄여서 '혁신부'라고 불렸던 부서가 하는 일은 학교 혁신과 관련된 것이었다. 혁신부는 흔히 혁신학교가 가진 '체계 없음'의 핵심이자 학교의 업무 정체성을 상징하는 곳이었다. "혁신부는 무슨 일을 하는 부서냐?"라는 질문에 "그냥 이것저것 합니다."라는 답밖에 할 수 없는 부서. 그곳이 혁신부였다. 혁신부도 고정적으로 맡고 있는 업무가 몇 가지 있었다. 하지만 굵직한 고정 업무를 제외하고 나머지 업무들은 모두 그때그때 새롭게 생겨나고 진행되었다.

물론 기본적으로 학교 안에서 혁신부는 학교 운영 혁신, 교육과정 및 수업 혁신, 공동체 문화 활성화의 역할을 맡고 있었다. 하지만 이러한 목표와 관련된 업무들은 추상적이어서 당시에는 잘 와닿지 않았다. 시경쌤이 나름대로 정의했던 혁신부의 가장 큰 역할은 일종의 실험실과 같은 역할이었다. 학생들에게 의미가 있는 교육 활동을 기획하여 진행해 보고 그 교육 활동이 지속할 만한 의미가 있다고 판단되면 업무 과정을 정리하여 다른 부서로 이관하는 역할이었다. 답사 활동이나, 교내 인문학 캠프 같은 큰 규모의 활동부터 수업 내의 작은 실천이나 학급 활동까지 다양하고 포괄적인 활동들을 발굴하고 공유하고 실천했다. 글로 쓰니 거창해 보이지만 사실은 그냥 재미있어 보이는 자잘한 행사와 이벤트들을 다양하게 진행했다. 새로움을 시도하는 테스트 베드, 혁신학교 안의 작은 혁신학교였다.

시경쌤은 그래서 혁신부의 업무가 마음에 들었다. 정해 놓은 대로, 작년에 진행했던 대로 날짜만 바꿔서 진행하는 업무가 아니었기 때문에 좋았다. 새로운 일의 중심에는 항상 학생들이 있었다. 어떻게 하면 행사가 학생들에게 더 의미 있게 다가갈까 고민하는 과정은 이 업무가 학교와 학생들에게 정말로 필요한 업무라는 느낌을 주었다. '나의 노력이 학생들에게 분명 도움이 될 것'이라고 믿게 되었다.

혁신부의 특성상 부서 내 업무들 간의 경계는 당연히 모호했고, 거의 모든 업무들을 부서원들이 함께 해결했다. 각자 잘할 수 있는 부분들을 맡기도 했고 처음 해 보는 일에 도전해 보기도 했다. 대부분의 업무는 행사에 가까운 성격이었다. 그래서 정해진 매뉴얼대로 진행되기보다는 부서원들과 함께 이런저런 이야기를 하는 과정에서 떠오른 아이디어에 따라 진행됐다. 부서 단독으로 운영하기 어려운 행사들이 많았으므로 다른 부서의 선생님들과 함께 일을 한 적도 많았다. 다른 부서의 업무에 도움을 주기 위해 힘을 보탠 적도 많았다.

그 과정에서 깨달은 것은 학교 운영에 정말로 필요한 것이 '체계성'보다는 '관계성'이라는 사실이다. 학교에서 교사에게 부여되는 업무 중 교사 개인의 엄청난 능력이 필요한 업무는 거의 없다. 대부분 시간만 주어진다면 누구나 해결할 수 있는 업무들이다. 교사에게는 수업과 교육이 중요한 것이지 업무 그 자체가 중요한 것이 아니기 때문이다. 그래서 학교의 업무들은 체계적인 운영보다 실질적이고 의미 있는 운영이 중요하다. 실질적이고 의미 있는 운영을 위해서는 정확한 매뉴얼이나 가이드라인보다 교사들 간의 소통과 적극성이 더욱 필요하다. 그리고 교사들 간의 소통과 적극성을 이끌어 내기 위해서는 동료로서의 좋은 관계가 필요하다.

시경쌤이 맡았던 혁신부 업무는 다른 부서와 다른 선생님들에게 협조를 구할 일이 많았다. 부장 선생님은 인화적인 능력과 매력이 넘치는 분이어서 행정실을 포함한 학교의 모든 선생님들과 좋은 관계를 유지했다. 선생님은 다른 부서의 협조와 도움이 필요할 때 빠르게 협조를 얻었고, 다른 부서의 많은 선생님들은 적극적으로 혁신부의 일을 도왔다. 덕분에 부서의 일들은 대부분 순조롭게 진행되었다. 부장 선생님이 다른 선생님들로부터 신뢰를 얻을 수 있었던 것은, 교사로서의 철학과 그것을 실천하는 모습 때문이기도 했지만 선생님이 가진 인화적인 능력, 즉 동료 교사를 존중하고 이해하는 태도 때문에 가능했다. 선생님은 늘 각자의 상황에 맞게 선생님들을 이해하고자 노력했고, 선생님 한 명 한 명이 가진 능력을 신뢰했다. 그래서 혁신부와 그 주변에는 서로 신뢰하고 존중하는 동료 관계가 형성됐다. 혁신부에서 진행하는 행사는 다양한 선생님들의 도움이 가득했고, 많은 관심을 받았다. 혁신부의 목표인 학교 혁신을 위한 의도와 실천들을 더 쉽게 알릴 수 있었고 더 많은 공감을 얻어 낼 수 있었다. 부서원들 사이의 소통, 다른 부서와의 협력이라는 관계성이 부서의 업무를 더 의미 있게 만들어 주었던 것이다.

## 더 좋은 사람이 되고 싶어

첫 학교인 A고에서의 수많은 시행착오 속에서도 우리가 방향을 잃지 않았던 것은 여러 젊은 교사들을 전적으로 믿어 주고 지지해 주던 선배 교사들이 있었기에 가능했다.

지수쌤은 C고로 옮긴 후 1학년 담임을 맡았는데 어쩌다 보니 그 아이들을 3년 동안 가르치게 되어 3학년부에서 근무하고 있다. 그때의 1학년 부장님 역시 아이들을 3년 동안 가르치면서 2학년 부장을 거쳐 현재 3학년 부장을 맡고 있다. 같은 부서에서 부장 선생님과 생활했던 3년은 지수쌤에게 또 다른 성장의 시기였다. 부장 선생님과 부서 선생님들 사이에는 위계가 전혀 없었다. 업무 '지시'도 없었다. 지시가 아니라 '부탁'이 있을 뿐이다. 어떤 일이 생기면 늘 부원들 한 명 한 명에게 직접 먼저 의견을 묻고 조언을 구했다. 코로나 시국에 조심스럽게 학급 행사를 진행하려고 할 때에도 부장님은 언제나 적극적으로 교사들을 지지하고 교사들의 편에 서 주었다. 학년부에서 크리스마스 이벤트를 준비할 수 있었던 것도 학생들을 위한 행사를 기획해 보고 싶다고 넌지시 의견을 냈던 부장님이 있었기에 가능했다. 어떤 일을 하더라도 혼자가 아니라 부장님과 함께라는 느낌이 들어 늘 든든했다. 학교에서 고민이 생기면 부장님을 찾았다. 늘 부장님 자리 옆에 있는 간이 의자에 조용히 앉아서 넋두리를 늘어놓았다. 부장님의 의견을 들으며 고민이 해결되기도 하고, 때로는 개별 교사들을 생각해 주는 부장님의 세심함과 따뜻함이 느껴져서 그 자체만으로도 큰 위로를 받았다.

지수쌤이 C고에서 참여했던 '소통과 업무 간소화를 위한 TF'의 대표 선생님은 A고에서도 함께 근무해 어느덧 9년째 함께 근무하고 있는 멋진 선배 교사다. 첫 학교에서는 부장과 기획의 관계로 인연을 맺은 적이 있다. "선생님이 하고 싶은 거 다 해 봐. 내가 예산은 얼마든지 가져올게."라고 이야기해 주시는 선생님이 있었기에 그때에도 지수쌤은 늘 든든함을 느꼈다. 그 선생님과 함께 학년부 담임 시절을 경험한 시경쌤, 유진쌤, 효정쌤도 같은 경험을 갖고 있다. 든든한 부장님 덕분에 많은 행사들을 걱정 없이 벌여 볼 수 있었고, 스스로 크고 작은 행사를 진행해 보는 과정에서 뿌듯함을 얻는 동시에 조금씩 성공 경험이 쌓이면서 자신감과 효능감도 얻었다. 경력 차이도 나이 차이도 많았지만 선생님은 언제나 우리에게 깍듯했다. 젊은 교사들의 의견을 늘 존중해 주고, 시대의 흐름에 맞추어 예민한 감수성을 가지려고 끊임없이 노력하셨다. 지금도 학교에서 힘든 일을 겪으면 가장 먼저 떠오르는 선생님들 중 한 분일 정도로, 언제나 우리에게 정신적으로 지대한 영향을 주고 계시다.

이렇게 멋지고 따뜻하고 배울 점이 많은 사람들을 우리는 운이 좋게도 참 많이 만났다. A고에서 만난 얼굴들만 떠올려도. 그리고 각자의 현재 학교에 옮겨 새롭게 만난 선생님들만세어 봐도 참 기쁜 교사 생활이구나 싶어 감사함을 느낀다. 이들을 떠올리면 새삼 황송하다. 더불어 우리 또한 그 사람들에게 감히 더욱 좋은 사람들이 되고 싶어진다.

교직 생활에서 우리를 존중해 주고 우리의 가능성을 묵묵히 믿어 준 선배들을 많이 만났기에 선배들의 암묵적인 기대에 왠지 부응하고 싶다는 마음이 든다. 더불어 후배들에게 우리도 멋진 선배가 되어 주고 싶다는 마음이 차오른다.

동기이론 중 하나인 '자기 결정성 이론'에서는 내적동기의 원동력이 되는 자기 결정성에 영향을 미치는 3가지 기본 심리 욕구를 '자율성', '유능성' 그리고 '관계성'이라고 정의한다. 누군가가 시켜서 하는 것이 아니라 스스로 끊임없이 고민해 학교 안에서 크고 작은 행사를 꾸려 나갈 수 있는 여건이 되었고, 그 과정에서 나의 역량을 마음껏 발휘할 수 있었고, 선배와 동료 선생님들에게 지지와 인정을 받으며 효능감이 올라갔던 우리의 경험은 이 동기 이론과 너무나도 닮아 있다. 삶에서 가장 많은 시간을 학교에서 보내고 있는 인간 '나'의 관점에서 본다면 학교에서 큰 성취감과 효능감을 느낄 수 있었던 것은 굉장히 중요한 점을 시사하고 있다.

한 번뿐인 우리의 삶을 조금 더 즐겁고 행복하게 사는 건 좋으니까. 게다가 그 행복을 우리의 '업'에서 찾을 수 있다니 얼마나 신나는 일인가!

# 교사를 주춤하게 하는
## 목소리들

3

혁신학교에서 근무하다 보면 교육 활동을 했던 사례를 나눌 기회가 종종 있다. 혁신학교는 교육청에서 지정하는 자율학교에 속하기에 일반 학교와는 규정에 따라 제공되는 예산과 인사, 운영상의 차이가 있다. 혁신학교의 지정 목적 자체가 학교 문화의 새로운 변화를 시도하고 이를 전파하는 데에도 있다 보니 사례 나눔 요청이 있을 때마다 당연한 일을 하는 마음으로 참석하곤 한다.

언젠가 다른 학교에 초청받아 D고에서 실천해 온 수업 혁신의 사례를 나눌 일이 있었다. 15명 정도의 교사가 교원학습공동체를 중심으로 모여 주제통합 수업을 꾸려 왔던 사례였다. 교원학습공동체 모임으로 매달 공부 모임을 가졌던 경험, 어설프지만 함께 오리엔테이션 영상을 찍어 학생들에게 상영했던 일, 두 달 넘게 여러 교과에서 하나의 메시지를 가지고 꾸준히 수업을 했더니 학생들과 교사, 학교 안에서 일어났던 변화 등등의 경험과 사례를 담담히 나누고 난 후 질문을 받았다.

"잘 들었습니다. 그런데요, 말씀해 주신 사례는 선생님이 혁신학교에 계시니까 쉬우셨던 게, 아니 애초에 혁신학교라 가능했던 게 아닐까요?"

자주 듣지만 받을 때마다 답변을 고민하게 되는 질문이다. 이런 질문을 던지는 선생님이 평소에 가졌을 답답함을 모르지 않기 때문이다. 새로움을 제안하는 것이 귀찮은 일을 넘어 무례한 일로 여겨지는 '전통적이고 전형적인' 학교가 얼마나 많이 존재하는지 알고 있다. 척박하고 기댈 곳 없는 집단에서 고군분투하는 사람들에 비해, 우리는 상대적으로 쉬운 바탕에서 시도하고 실패하고 작은 성공도 맛보며 무려 '사례 나눔'까지 할 수 있는 경험을 쌓았다는 걸 알고 있다.

그럼에도 혁신학교에서의 그런 시도들이 쉬웠냐 하면 그건 또 아니다. 지향점이 뚜렷할수록 격렬하게 반대하는 구성원이 있기 마련이고, 이들과 하나가 되기 위해 양보하고 쉬어가는 일은 야금야금 속을 갉아먹히는 듯 불편하고 불안하기 때문이다.

소통과 협업의 가치를 중요하게 여기는 곳에 근무하면서 가끔 '민주주의는 너무나도 시끄럽다'고 느끼게 된다. 서로의 의견을 존중하며 토론하는 일은 무척 가치 있지만 총천연색의 목소리를 하나로 모으는 일은 피로하기도 하다. 학교가 포용하는 새로움과 다양성에 감사하지만 정말 솔직히 가끔은, 이 목소리들이 우리를 주춤하게 하기도 한다.

우리를 더 힘들게 하는 것은 '우리'라는 울타리 밖에서 들려오는 다양한 목소리들이다. '학력 저하를 불러오는 혁신학교 반대한다'는 저항의 목소리, '입시라는 현실에서 혁신 고등학교는 불가능하다'는 냉소적인 목소리, '학생답지 않은 양아치들만 모인 학교 아니냐'는 볼멘소리, '교사의 헌신으로 굴러가는 일 많은 학교라 싫다'는 뼈아픈 목소리들 말이다.

혁신학교는 완벽한 곳이 아니다. 대한민국 교육이 처해 있는 커다란 구조의 문제에서 혁신학교 또한 자유롭지 않으며,

어떤 때는 혁신학교라는 이유로 더 큰 오해와 공격에 노출된다. 우리가 혁신학교에서 근무하며 느낀 어려움은 여느 교사가 말하는 학교의 아픔과 크게 다르지 않다. 혁신학교를 비롯한 많은 학교와 교사를 힘들게 하는 것들은 무엇일까?

## "일단 공정하기만 하면 돼."

교사 특히 고등학교 교사를 가장 힘들게 하는 것 중 하나는 바로 '평가'일 것이다. 지필평가 문제를 출제할 때는 문제에 오류가 없어야 하며, 적당한 난이도로 '아름답게' 등급별 인원이 나오도록 출제해야 한다. 수행평가를 실시할 때는 교사의 주관적 판단이 최대한 배제된, 수치화할 수 있는 평가 기준을 바탕으로 채점을 해야 한다. 왜냐하면 고등학교 평가에서 가장 중요한 것은 바로 '공정함'이기 때문이다. 공정함에 조금이라도 흠결이 생기면 여지없이 민원이 들어온다. 교사는 그러한 민원으로부터 자신을 방어할 수 없다. 공정하지 못한 평가로 학생이 손해를 본다면 학생은 입시에서 손해를 보게 되고, 이는 학생의 인생에 악영향을 주는 것으로 간주되기 때문이다.

그러나 이런 민원을 제기하는 학생 또는 보호자만 탓할 수도 없다. 대입 특히 수시전형과 관련하여 내신등급이 절대적인 영향을 끼치기 때문이다. 교사가 마련한 평가 기준이 공정하지 못해 학생이 내신등급에 손해를 입는다면 그것은 분명 억울하고 화나는 일일 수밖에 없다. 교사 입장에서는 자신의 실수로 누군가가 불이익을 받을 수도 있는, 더 나아가 그것이 학생의 입시에 치명적인 영향을 미친다면 평가가 부담스러울 수밖에 없다. 고등학교의 가장 강력한 존재 이유로 '입시'가 자리하고 있는 한, 교사는 평가의 공정성에 목을 맬 수밖에 없다.

그런데 이런 공정함에 대한 집착은 평가의 모든 것을 잡아먹는다. 대부분의 교사는 자신을 보호하고 학생을 보호하기 위해 새로움에 대한 도전보다는 안전한 방법을 선택할 수밖에 없다. '꼬투리 잡히지 않을' 공인되고 명확한 내용, 이의 제기에 명확하게 답할 수 있는 수치화된 내용 앞에서 교육과정이 요구하는 다양한 평가의 요소들은 늘 우선순위에서 밀린다. 무엇을 평가하는가보다 어떻게 평가하는가가 더 중요해진다. 결국 남는 건 평가를 위한 평가뿐이다.

물론 평가에 있어 공정함은 매우 중요하다. 현장에서 이야기하는 공정성은 평가의 신뢰도와 관련된다. 평가의 신뢰도는 평가가 얼마나 일관성 있고 예측 가능한 결과를 제공하는가를 말해 준다. 평가 대상과 상황에 따라 평가의 결과가 들쭉날쭉하다면 그것은 좋은 평가라고 할 수 없을 것이다. 좋은 평가가 되려면 타당도 역시 갖춰야 한다. 타당도는 평가하고자 하는 내용, 즉 평가의 목표를 얼마나 충실하게 평가하고 있는가와 관련된다. 일반적으로 평가의 신뢰도는 타당도의 필요조건으로 여겨진다. 즉, 타당도가 제대로 갖춰지지 않으면 신뢰도가 있다고 하더라도 그 평가는 좋은 평가가 될 수 없다는 뜻이다. 그러한 평가는 과녁의 가장자리에 일관되게 꽂혀 있는 화살들의 집합과 같다.

문제는 학교의 평가가 신뢰도를 높이는 데만 집중되어 있다는 것이다. 그러나 학교 현실에서 교사가 평가의 타당도를 확보하는 것은 결코 쉬운 일이 아니다. 고등학교 교육과정의 많은 성취기준과 평가 기준들은 다소 추상적이고 주관적인 면이 있다. 다음은 2015개정교육과정 평가 기준 – 고등학교 국어과 문학 영역의 성취기준과 평가 기준 중 하나이다.

| 교육과정 성취기준 | |
|---|---|
| [12문학01-01]<br>문학이 인간과 세계에 대한 이해를 돕고, 삶의 의미를 깨닫게 하며, 정서적·미적으로 삶을 고양함을 이해한다. | |
| 평가 기준 | |
| 상 | 문학의 인식적·윤리적·미적 기능을 중심으로 인간의 가치 있는 삶을 위한 문학의 효용과 가치를 주체적으로 탐구하고 이해할 수 있다. |

위의 평가 기준에 따라 타당도 높은 평가를 진행하려면 교사는 문학의 기능을 중심으로 학습자가 삶과 연결된 문학의 효용과 가치를 제대로 탐구하고 이해하고 있는지 평가해야 한다. 문학의 효용과 가치에 대한 탐구 능력과 이해 정도를 객관화되고 수치화된 조건들로만 측정하기는 어렵다. 결국 좋은 평가를 위해서는 교사의 주관적 평가가 개입되어야 한다. 하지만 주관적 평가가 개입되는 순간, 교사는 '공정하지 못한 평가'라는 민원에 노출된다. 결국 교사는 타당도를 포기한 채 '다음 중 문학의 효용과 가치를 올바르게 이해하고 있는 사람을 고르라'는 오지선다형 평가 문항을 출제하거나, 단순하고 객관적인 조건만 갖추면 모두 만점을 주는 수행평가를 실시할 수밖에 없다.

이러한 문제가 발생하는 가장 큰 원인 중 하나는 교사에 대한 사회의 낮은 신뢰에 있다. 우리 사회는 교사의 주관적이고 자율적인 평가를 신뢰하지 않는다. 교사가 그러한 평가를 할 수 있을 만한 전문성을 갖추었다고 여기지 않는다. 대학교 학점이 취업 시장에 지대한 영향을 미침에도 불구하고 대학교에서 이뤄지는 평가에 사회나 학생들이 의문을 거의 갖지 않는 것과는 대조적이다. 교사의 평가 전문성에 대한 신뢰도가 낮은 이유에는 어느 정도 교사들의 탓도 있겠지만 대입에 대한 학생과 보호자들의 지나친 불안감, 그것을 부추기는 사교육 시장, 그리고 이를 정당화하는 사회의 구조 탓도 있다.

평가는 학습의 결과가 아닌 학습의 일부이다. 평가는 학습의 결과를 확인하기 위한 마지막 단계가 아니라 학습자의 학습 정도를 확인하고 새로운 것을 학습하면서 부족한 부분을 채워 나가는 교육의 과정인 것이다. 학습을 위한 평가는 우리네 시험처럼 최종적인 점수를 부여받고 기뻐하거나 좌절하며 끝나는 일회성 이벤트가 아니라, 틀린 문제를 다시 풀고 다시 풀어 결국에는 모두가 학습목표에 도달하기 위한 지속적인 과정이다.

목적을 잃어버린 '평가를 위한 평가'는 결국 수업 내용에도 영향을 미친다. 교사는 시험에 낼 수 있는 내용을 가르쳐야 한다. 학생들의 다양하고 개성 있는 답변과 사고를 키우기보다는 논란 없는 명확한 정답을 유도하도록 수업하게 된다. 교사는 지식에 대한 다양한 접근을 인정하면서도 결국에는 시험 문제에 있어서는 단 하나의 답만을 강조해야만 한다. 평가에서 자율성을 박탈당한 교사는 수업에서도 자율성을 박탈당한다. 공정해야 한다는 압박은 결국 교사를 영혼 없는 수업 기계로 만들어 버린다.

## "수업은 입시를 위해 존재하는 거야."

고등학교 수업에 가장 큰 영향을 미치는 것은 수능시험이다. 한국교육과정평가원은 '대학수학능력시험'의 성격 및 목적 중 하나로 '고등학교 교육과정의 내용과 수준에 맞는 출제로 고등학교 교육의 정상화 기여'를 제시하고 있다. 하지만 해마다 불거지는 이른바 불수능, 물수능 논란은 지금의 수능시험이 표방하는 '고등학교 교육과정의 내용과 수준에 맞는 출제'라는 성격에 의문을 갖게 만든다. 게다가 수능 난이도 논란에서 항상 문제가 되는 부분은 1등급, 2등급과 같은 상위 등급의 변별과 관련된 것이다. 응시자 대부분이 포함된 3등급 미만의 등급 변별과 관련된 난이도 논란은 존재하지 않는다. 이는 우리 사회에서 수능이 무엇을 위해, 누구를 위해 존재하는지 단편적으로 보여 준다.

학생들의 절대적인 학습량을 축소해 나가는 방향으로 개정되는 교육과정과 달리 수능시험을 위한 학습 범위는 점점 더 넓고 깊어지고 있다. 그렇기 때문에 실제 고등학교 현장의 시수와 교과서 내용만으로는 수능시험에 대비할 수 없다. 다양한 수준의 성취도를 가진 학생들이 함께 모여 있는 교실에서 정규 수업으로만 수능을 대비할 수 있다고 생각하는 것은 순진한 발상이다.

수능시험의 강력한 존재감은 공교육의 목표가 마치 대입과 수능시험인 것처럼 착각하게 만든다. 이러한 착각 속에서는 사교육이 공교육보다 우위를 점하며 늘 승승장구할 수밖에 없다. 오직 수능시험만을 목표로 하는 사교육 집단을 공교육이 앞서가기는 사실상 불가능하기 때문이다. 목적 자체가 다른 두 집단의 성과를 비교한다는 것 자체가 어불성설이다. 하지만 공교육의 목적을 대입과 수능시험으로 착각하고 있는 지금의 분위기 속에서 사람들이 학교와 학원의 차이를 구분하는 것은 어려운 일이다. 이런 거대한 착각 속에서 학생과 보호자 그리고 우리 사회는 공교육 교사들에게 사교육 강사들처럼 행동하길 기대하고 요구한다. 심지어 교사들까지도 스스로 그렇게 되길 기대하기도 한다.

교사들은 자연스럽게 수업의 내용과 방법에서 수능시험을 고려하게 된다. 그리고 다양한 수업 내용과 수업 방식을 시도하기보다는 강의식 수업을 선택하게 된다. 주어진 시수 내에서 수능시험을 위해 요구되는 교과 내용을 최대한 가르치기 위해서는 강의식 수업이 최선이기 때문이다. 결국 수업은 교육적인 의미를 잃고 수능 대비를 위한 강의로만 남게 된다. 그러나 아무리 뛰어난 교사여도 공교육 현장에서 학원 강사와 같은 수업을 할 수는 없다. 결국 교사들은 학원 강사들에 비해 무능하다는 지속적인 비난과 사교육을 뛰어넘을 수 없다는 만성적인 열등감에 시달린다.

교사들이 아무리 노력해도 학원 강사의 입시 대비 수업을 뛰어넘을 수 없는 것은 교사와 강사의 능력 차이 때문이 아니다. 교사와 학원 강사가 차이를 보이는 이유는 학교와 학원의 존재 목적 자체가 다르기 때문이다. 존재의 목적이 다르다는 것은 조건과 상황이 다름은 물론, 해야 하는 역할도 다르다는 뜻이다. 공교육 영역에 있는 교사에게는 사교육 영역의 강사에게 부여된 것과는 달리 '수업 밖의 교육'이라는 타당한 몫까지 할당되어 있다. 이처럼 교사와 학원 강사는 전혀 다른 역할을 갖고 있기 때문에, 능력과 성과에 대한 비교 잣대도 전혀 달라야 한다. 학교가 학원 같기를, 교사가 학원 강사 같기를 바라는 기대에 부응하기 위해 학교와 교사가 노력해야 할 이유는 없다. 학교가 절대로 학원처럼 되어서는 안 되며, 교사가 절대로 학원 강사처럼 되어서는 안 된다. 학교는 공교육 그 자체가 가지는 목적과 목표에 충실해야 한다. 학교가 그리고 교사 스스로가 더 나아가 우리 사회가 학교와 학원의 차이를 명확하게 구분하지 못하는 한 교사들은 계속 고통받을 것이다. 그리고 학교의 수업은 변화하지 못할 것이며 그 피해는 결국 학생들에게 돌아갈 것이다.

### "교육? 입시? '투 트랙'으로 가 보자고."

여기 누구에게나 공유되고 공감되는 학교교육의 목표가 있다. '모두가 차별받지 않고 동등한 기회를 얻는 교육', '인간적인 성장을 위한 교육', '삶을 위한 실용적인 교육'처럼 우리의 법과 도덕에서 이야기하는 목표 말이다. 그러나 이렇듯 당연해 보이는 교육의 목표도 고등학교 교문을 넘는 순간 뜬구름 잡는 이상적인 소리가 되고 만다. 고등학교 안에는 입시라는 뚜렷하고 냉혹한 현실이 존재하기 때문이다.

고등학교 현장에서 학생들의 성장을 위한 교육을 외치는 일은 몽상에 가깝다. 학교에 대한 사회의 시선, 교육정책, 학교 내 문화가 바뀌는 데는 오랜 시간이 걸리지만, 학생 개인은 당장 올해 졸업하고 대학에 입학해야 한다. 비단 혁신학교의 이야기가 아니더라도, 교육에 대한 자신의 철학을 지키기 위해 눈앞에 있는 학생들의 필요와 절실함을 무시할 수 있는 교사는 없다. 자신의 대입을 희생해 가며 교사와 학교의 교육철학을 존중하고 따를 수 있는 학생 또한 없다. 결국 고등학교 3학년이 되면 모든 것이 입시로 귀결된다. 이러한 흐름은 혁신 고등학교도 마찬가지다. 학교가 외치는 교육철학은 1학년, 2학년에게만 유효하다. 3학년 학생들과 3학년부는 일종의 섬처럼 존재한다.

결국 혁신 고등학교는 '투 트랙'의 입장을 취할 수밖에 없다. 소위 '투 트랙'이란 '삶을 위한 교육'과 '입시를 위한 준비'를 별개의 과정으로 동시에 추구하자는 것이다. 한때는 '삶을 위한 교육'을 목표로 하는 많은 교육 활동이 입시에도 유리하게 작용할 거라 믿었던 적이 있었다. 한때였으나, 정말로 유효했다. 혁신 고등학교에서 싹을 틔우고 꽃을 피워 왔던 '1인 1프로젝트', '나도 선생님', '자율동아리' 등의 활동은 학생들의 교과서 밖 깊이 있는 배움에 대한 경험과 성장에 직접적인 도움을 주었다. 그리고 이러한 학생들의 성장은 대입에서도 어느 정도 긍정적인 영향을 미쳤다. 하지만 이러한 활동들은 해마다 반복되면서, 혁신학교 이외의 다양한 학교로의 형식적 보편화를 거치며 그 의미와 효과가 점점 퇴색되어 갔다. 알맹이를 들여다보면 매우 다름에도 불구하고, 혁신학교가 긴 시간과 노력을 투입해 이룬 '삶을 위한 교육 활동'과 생활기록부 기재를 위해 실행한 '간소화된 교육 활동'은 기록 내용만으로 보았을 때 큰 변별력을 가지지 못했다. 교육적 목적을 생각하며 진행하는 활동들은 교사의 많은 고민과 노력이 필요하다. A고에서 진행하는 '1인 1프로젝트', D고의 '교과 심화 탐구', C고의 '나도 선생님'은 학생들의 관심과 진로에 맞춘 주제 선정부터 학습 과정의 설계와 실행, 발표에 이르기까지 꽤 많은 품이 드는 일이다. 학생과 교사의 고민 지점이 많은 만큼 분명 학생을 질적으로 성장하게 만드는 활동이다. 그러나 생활기록부 기록만을 두고 본다면 '교과 탐구 대회'나 '소논문 쓰기' 활동과 크게 달라 보이지 않는다. 고민과 노력을 들인 활동과 그렇지 않은 활동의 생활기록부 결과 차이가 크지 않다는 사실, 더 나아가 건조한 입시 현실에서도 변별력을 갖추기 어렵다는 사실은 교사들을 지치게 했다. 결국 기존에 있던 많은 활동들은 본래의 취지와 목적을 잃고 입시를 위한 도구 이상의 의미를 갖지 못하게 되었다. '삶을 위한 교육'이 자연스럽게 입시로 이어지지 못하게 되었고, 그래서 지금은 '삶을 위한 교육'도 하고 '입시를 위한 준비'도 하자는 '현실적인 투 트랙'이 남게 된 것이다.

그러나 '삶을 위한 교육'과 '대입을 위한 준비'를 동시에 추구하자는 다소 이중적이고 모순적인 학교의 입장에 혼란을 겪는 것은 결국 교사다. 교사들은 이 과정에서 교육의 가치가 전도되는 느낌을 받는다. 교육에 있어서 가장 중요하다고 생각되는 협력·성장과 같은 가치들과, 현실적이고 당장 도움이 된다고 생각하는 생활기록부·수능 성적이 동일한 중요도로 여겨지는 학교 환경에서 교육자로서의 정체성을 잃어 가는 것이다. 특히 이러한 '투 트랙'의 교육 활동들이 결국 3학년으로 가면서 입시로 귀결되는 모습은 교사들에게 허탈함과 무력감을 안긴다. 3학년이 되면 1학년, 2학년 때 했던 학교에서의 생활, 참가했던 활동들이 대입에 도움이 되느냐, 되지 않느냐의 심판대에 오른다. 그리고 대입에 도움이 되지 못하는 활동들은 평가 절하된다. 괜한 시간 낭비, 에너지 낭비처럼 여겨진다. 학기말과 학기초 워크숍에서 '입시에 도움이 되었느냐'를 기준으로 행사의 존폐를 결정하기도 한다. 이런 분위기에서 '해당 교육 활동을 통해 얼마나 성장했는가'의 여부는 부차적인 요소가 된다. 학생부종합전형의 비율이 낮아지고 있는 지금은 이마저도 점점 더 무색해지고 있다. 수능 위주의 대입 선발이 강화되면서 삶을 위한 교육은커녕 입시를 위한 다양한 학교 활동마저도 의미를 잃어 가는 것이다. 학교에서는 결국 수능 공부가 답이라는 이야기만 나온다.

아마 혁신학교가 아니더라도 많은 고등학교 교사들이 마음속에 이 '투 트랙'을 지니고 교직 생활을 하고 있지 않을까?

지난한 심중 갈등 끝에 대부분 둘 중 하나를 포기하고 눈 감게 된다. 의미 있는 교육이 어렵다면 입시라도 잘하자고 이야기 하게 된다. 입시를 포기하고 삶을 위한 교육에 집중하자고 이 야기하는 교사들은 극소수다. 이는 교사들이 무능하고 비겁해 서가 결코 아니다. 교사들에 대한 학생과 보호자의 바람, 사회 의 기대가 그렇기 때문이다.

공교육 교사들은 사회로부터 모순적인 기대와 평가를 받는 다. 사람들은 입시 위주의 주입식 교육에서 탈피하여 미국이 나 유럽처럼 '질 높은' 교육을 제공해야 한다고 이야기하면서 동시에 사교육처럼 '질 높은' 교육을 제공하지 못하여 공교육 이 붕괴되고 있다고 이야기한다. 교사들은 학생들의 성장을 돕는 교육자이면서 동시에 수능과 대입에도 도움이 되는 입시 전문가가 되어야 하는 것이다. 그러나 지금의 대입 제도를 바 탕으로 학생들의 성장과 좋은 대입의 결과를 동시에 달성하는 것은 거의 불가능에 가깝다. 이는 대입 제도 자체만의 문제라 기보다는 대학 서열화, 능력주의와 같은 사회 전반의 문제 때 문이다. 대입 제도가 아무리 그럴싸하게 바뀌어도 대입이 진 로를 위한 삶의 과정이 아니라 지위 획득의 수단이 되어 버린 다면, 학벌에 의한 사회적 차별이 사라지지 않는다면, 학교와 공교육은 왜곡될 수밖에 없다.

지금의 한국 사회에서 교육과 입시는 다른 말이다. 효율적 인 입시는 교육과 거리가 멀고, 입시를 위한 과정은 통제와 훈 육, 훈련에 가깝다. 그래서 교사는 교육과 입시 그 어중간한 위치에서 어중간한 역할을 할 수밖에 없다. 어중간한 위치에서 교사들이 느끼는 건 뭔가 제대로 할 수 있는 게 없다는 무력감뿐이다.

## "그럼에도 불구하고……."

교육은 교사가 존재하는 이유이자 목적이다. 공교육 교사는 입시를 위한 존재가 아니며, 입시는 교육의 과정이자 삶의 과정 중 일부다. 공교육의 결과는 '입결'이 아니라 시민으로서 주체적인 삶을 살아갈 수 있는 역량을 길렀는지의 여부로 판단되어야 한다. 교사와 학교는 이 당연한 명제를 매일 직면하고 있다. 그러나 단위 학교에서 교사 개인이 실천할 수 있는 마땅한 해결책은 없다. 학교에 대한 사회의 기대, 대학과 입시에 대한 사회의 시선, 대입 제도 전반이 바뀌어야 하는 문제이기 때문이다. 교육을 포기하지 않기 위해 노력하는 많은 교사들이 있지만 한편으로는 입시를 위해 교육을 외면하는 교사들, 모두 포기하는 교사들이 점점 늘어 가는 느낌이다. 그럼에도 불구하고 핑계만 댈 수는 없다. 핑계 대지 않았으면 한다. 교사가 입시를 포기할 수는 없지만 그것 때문에 교육을 포기해서도 안 된다. 비록 교사 한 사람이 바꿀 수 있는 것이 없더라도 입시라는 명분 뒤에 숨어 진짜 교육의 필요성을 외면하지 말아야 한다. 무력과 냉소를 딛고 '삶을 위한 교육'을 고민해야 한다.

# '학생다움'이라는 유령과 통제의 목소리

**"학생은 최대한 통제해야 말을 잘 들어!"**

서울시교육청에서는 매년 학생생활규정 점검표를 통해 일선 학교의 생활 규정 현황을 점검하도록 한다. 점검표 목록은 다음과 같다.

1. 스타킹 색상 제한 규정이 있다.
2. 양말 색상 제한 규정이 있다.
3. 실내화 색상 제한 규정이 있다.
4. 치마 길이 제한 규정이 있다.
5. 두발 길이 제한 규정이 있다.
6. 염색 제한 규정이 있다.
7. 파마 제한 규정이 있다.
8. 삭발 금지 규정이 있다.
9. 벨트 의무 착용 또는 금지 관련 규정이 있다.
10. 가출 행위만으로 징계/벌점 등 불이익 규정이 있다.
11. 불온 문서(의미가 불분명한 불건전 문서 포함) 관련 규정이 있다.
12. 학생 정치 관여 행위 금지 규정이 있다.
13. 학생의 단체 조직 및 가입에 있어 학교장 허가 필요 규정이 있다.
14. 교육 활동 및 공식 활동 이외의 시간에도 전자기기 사용 규제 규정이 있다.
15. 이성 교제 관련 행위만으로도 징계/벌점 등 불이익 규정이 있다.

16. 학생의 엘리베이터 사용 제재 규정이 있다.

17. 학생의 교직원 화장실 사용 금지 규정이 있다.

18. 학교 명예훼손 자체만으로 징계/벌점 등 불이익 규정이 있다.

19. 순결교육 규정이 있다.

20. 학교장의 허가 없이 외부 기관 경찰 신고를 금지하는 규정이 있다.

21. 자해 관련 징계 규정이 있다.

22. 임신 관련 징계 규정이 있다.

23. 간접 체벌 허용 규정이 있다.

24. 속옷 관련 제재 규정이 있다.

25. 특정 성별에게만 적용되는 규정이 있다. (예-여학생만 흰색 양말 착용 등)

26. 여학생 바지 착용 시 제한(길이나 폭 등) 규정이 있다.


교육청 제출을 위해 점검표에 '예', '아니오'를 체크하다 보면 '스타킹, 양말, 실내화 색상을 제한하는 것이 교육적으로 무슨 의미가 있지?', '왜 학생의 벨트 착용까지 규정에 넣어 놓은 거지?'라는 물음이 생긴다. 점검표의 목록들은 최근까지도 일선 학교에 존재하던 학생생활규정을 토대로 만들어진 것일 텐데, A고로 첫 발령을 받고 또 다른 혁신학교에서 생활하고 있는 우리로서는 의아함이 들곤 했다. 지금으로부터 10~20년 전에 우리가 다녔던 학교들은 모두 규율이 엄격하기로 소문이 나 있었다. 염색 금지, 단발머리 귀밑 3cm는 기본이고 봉숭아 물도 한 손에 손가락 2개까지만 허용하며, 심지어 여학생의 경우 속옷의 모양과 색 규정까지도 포함되어 있었다. 아침 등교 시간에 현관 입구에서 손에 흰색 면장갑을

낀 선도부 학생들이 여학생들의 치마를 들치며 속치마를 착용했는지 일일이 검사했던 장면, 머리 긴 남학생들에게 거침없이 다가오던 바리깡 등은 시간이 지나도 잊혀지지 않는 장면들이다. 지금 와서 생각해 보면 양말의 길이와 색, 가방의 크기까지 과도하게 통제할 필요성은 무엇이었을까 하는 의구심이 든다.

우리가 같이 근무하던 2016년, A고에는 대대적인 학생생활규정 개정이 있었다. 이전의 자세하고 통제적인 생활 규정에서 벗어나 학생의 인권을 최대한 보장하는 방향을 지향하는 개정이었다. 물론 교사, 학생, 보호자 교육 3주체의 의견 수렴을 거친 과정이었다. 긴 논의 끝에 2019학년도에는 벌점 규정도 폐지했다. 물론 벌점 규정이 남아 있던 시절에도 그 규정을 실제로 활용하는 교사는 거의 없었다. 그럼에도 막상 폐지를 논의하는 상황이 되자 벌점 규정이 없으면 학생들을 통제하고 지도하기 어려울 것이라는 우려 섞인 목소리가 나왔다. 벌점 규정이 폐지된 지금도 학생 생활지도에 어려움이 생기면 '벌점 규정이 없어서 제대로 지도를 할 수가 없다'는 원망의 소리가 이어지곤 한다. 손에 쥐고 있던 무기를 내려놓고 맨몸으로 부딪혀야 한다는 막막함. 벌점제 폐지에 앞선 교사의 마음일 것이다. 교과지도보다 훨씬 더 막연하고 모호한 '생활지도'라는 영역은 경력이 쌓여도 교사에게는 늘 두려움의 대상이다. 그럼에도 점수를 통해 사람의 행동을 통제하는 방식은 교육이 아닌 교화에 가까우며 궁극적으로 바람직하지 않다는 데에는 모두 동의하리라 믿는다.

이제 A고는 앞서 본 체크리스트 대부분의 항목에 자신 있게 '아니오'를 체크할 수 있다. 여전히 '예'로 남아 있는 것은 14번, '전자기기 사용 규제' 항목이다. 교내 휴대전화 사용 제한 규정이 남아 있기 때문이다. A고의 학생생활규정에 따르면 조회 시간에 담임교사가 학생들의 휴대전화를 일괄 수거하여 보관하였다가 종례 시간에 나누어 주게 되어 있다. 일과 시간 중 휴대전화를 활용한 통신 전체를 제한하는 것이다. 수업 시간은 물론이고 쉬는 시간이나 점심시간에도 적용되는 규칙이다. 만일 이를 지키지 않을 경우 담임교사가 3일간 휴대전화를 압수하는 내용 또한 규정에 포함되어 있다. 지난 몇 년 동안 3주체 토론을 통해 휴대전화 규정 폐지에 관해 의견 수렴을 해 왔으나, 매년 아주 근소한 차이로 휴대전화 수거 찬성 측 의견이 많았기에 관련 규정을 유지하고 있다. 2020년 코로나가 터진 후 방역과 학생 안전상의 이유로 이 규정을 잠정 중단하고 학생들의 휴대전화를 수거하지 않고 있다. 가족이나 밀접 접촉한 지인이 확진됐다고 연락이 오거나 다중이용시설에서 확진자가 발생하면 출입 명부에 있는 연락처를 통해 해당 시설을 이용한 사람들에게 PCR 검사를 받으라는 안내 문자를 발송하기 때문에 학생들이 이 문자를 놓치지 않도록 휴대전화를 걷지 말자는 의견이 받아들여진 것이다. 팬데믹 상황이 조금씩 진정되고 있는 지금, 또다시 수업 시간 휴대전화 사용으로 인한 문제들이 불거지고 있다. 학생과의 아주 작은 실랑이라도 경험한 교사들은 규정대로 통신기기를 수거하자는 제안을 했다. 규정에 적힌 대로 휴대전화를 압수해도 되냐는 질문도 이어지는 상황이다. 최근 몇 년간 새로운 전자기기가 많이 등장했다. 무선 이어폰, 스마트워치, 스마트패드 등등 무수히 많은 기기들이 등장했고 이미 많은 학생들이 이런 기기에 빠르게 적응하고 있다. 이런 상황에서 휴대전화를 수거하는 것은 어떤 의미가 있을까? 심지어 교육청 차원에서 전교생에게 디지털기기를 배부하고 활용 수업을 적극 권장하는 이때, 전면 금지의 방식을 택하기보다는 전자기기 사용 에티켓을 가르치고 자율적으로 지킬 수 있도록 기다려 주는 것이 더 나은 방법은 아닐까? 그렇다면 어디서부터 시작할 수 있을까? A고는 또 다른 갈림길에 서 있다.

A고는 6층 건물로 다른 학교에 비해 층수가 높은 편이다. 이로 인해 매년 벌어지는 실랑이가 한 가지 더 있다. 바로 엘리베이터 탑승이다. 2019년 벌점 규정을 폐지하면서 이전에 존재했던 '학생의 엘리베이터 탑승 금지' 규정도 자동으로 폐지되었고, 지금은 학교 구성원 모두가 자율적으로 엘리베이터를 이용하고 있다. 문제는 학교에 설치된 엘리베이터가 단 한 대뿐이라는 점이다. 2020년부터 2년 넘는 시간 동안은 일시적 평화의 기간이었다. 학교 구성원 간 밀집도를 최소화하고자 등교 시간, 점심시간, 하교 시간 등 학교 구성원들이 밀집되는 시간에 엘리베이터 운행을 잠시 멈춰 두었기 때문이다. 장애나 부상 등으로 불가피하게 이용해야 하는 구성원이 있을 때만 예외적으로 엘리베이터를 가동했다. 물리적으로 대부분의 구성원이 엘리베이터에 접근할 수 없는 구조였던 것이다. 그러다 2022년 중순, 방역 수칙 완화와 함께 엘리베이터도 개방

하기로 결정했다. 문제는 이때부터 시작되었다. 다이어트 중 지나친 금식이 폭식으로 이어져 요요현상이 오는 것처럼 학생들은 엘리베이터가 운행된다는 사실에 환호하며 그 어느 때보다도 적극적으로 엘리베이터를 이용했다. 보상 심리라도 폭발하듯이 한두 층 정도의 짧은 거리도 엘리베이터로 이동했다. 모두가 하나의 재화를 원하는 상황에서 분배는 자연스럽게 '서열 순'으로 이루어졌다. 등교 시간처럼 촌각을 다투는 때에는 상급 학년 학생들이 후배들의 엘리베이터 탑승에 눈치를 주거나 실제로 욕을 하는 등 폭력적인 상황이 나타난 것이다. 학년부와 학생부 교사들의 고민이 이어졌다. 이미 벌점을 통한 통제를 내려놓기로 한 학교이기에 다른 방식을 택했다. 학생들의 이해와 인정에 호소해 보기로 한 것이다. 조회 시간, 전교생이 들을 수 있도록 방송을 했다.

"학생 여러분께 안내 말씀 드립니다. 최근 방역 수칙이 완화되며 교내 엘리베이터도 최대한 중단 없이 운행하고 있습니다. 엘리베이터 사용이 증가하면서 몇 가지 우려되는 점들이 있어 안내를 드리고자 합니다. 우려되는 부분은 크게 3가지입니다.

첫째, 엘리베이터 탑승 시 3학년 몇몇 학생들이 1, 2학년의 엘리베이터 탑승을 문제 삼으며 눈치를 주는 일들이 종종 발생하고 있습니다. 단순히 눈치 주는 행위를 넘어 뒤에서 욕을 하거나 1, 2학년이 누른 엘리베이터 층을 취소시키거나 심지어 다른 사람의 탑승을 방해할 목적으로 엘리베이터 모든 층을 다 눌러 놓고 내리는 등 다소 폭력적인 행위로 이어지고 있어 우려가 됩니다. 이러한 강압적인 행위는 폭력으로 이어질 소지가 많으니 각별히 유의해 주시기 바랍니다. 우리 학교는 학생생활규정 그 어느 곳에도 특정 학년만 엘리베이터를 타도록 명시되어 있지 않습니다. 엘리베이터 사용이 3학년의 특권처럼 여겨져서는 안 됩니다. 향후 지금과 같은 폭력적인 상황이 발생한다면 교사들이 엄중하게 개입하여 지도할 것입니다.

둘째, 안전사고의 문제입니다. 등교 시간이나 쉬는 시간에 엘리베이터를 보면 단 한 번도 멈춰 있던 적이 없었습니다. 누군가는 계속 엘리베이터를 타고 있다는 이야기죠. 문제는 많은 학생들이 몰려 정원이 초과된 채 운행되는 일이 잦다는 점입니다. 학교에서는 엘리베이터에 대해 정기적으로 안전 점검을 하고 있지만 예년에 비해 눈에 띄게 증가한 엘리베이터 사용으로 인해 안전사고가 우려되는 상황입니다.

셋째, 과도한 엘리베이터 사용으로 인해 정작 엘리베이터를 이용해야 하는 이동 약자가 불편을 겪고 있습니다. 많은 사람들이 '일단 내가 먼저 타고 이동 약자가 있으면 그때 비켜 주면 되지'라고 생각합니다. 그러나 많은 사람이 엘리베이터를 타려고 층마다 멈춰 세우면 정작 이동 약자가 엘리베이터를 제 시간에 이용할 수 없고 사람이 많으면 눈치를 보면서 이용하게 됩니다. 지하철의 교통약자석을 떠올려 보세요. 교통약자가 아닌데 앉았다고 법적 처벌을 받지는 않지만 대부분의 사람들은 교통약자가 마음 편히 시설을 이용할 수 있도록 스스로 이용을 자제하고 자리를 비워 둡니다. 이것이 당연한 시민으로서의 상식이자 배려이기 때문이죠. 우리 학교의 엘리베이터도 마찬가지입니다. 모두 이용할 수 있는 시설이지만 이동에 엘리베이터가 필수인 사람들에게 먼저 기회가 가도록 스스로 이용을 자제하는 에티켓을 보여 주시면 좋겠습니다.

마지막으로 '제한'하는 규칙이 아니라, '사용을 위한 가이드라인' 측면에서 몇 가지 제안드리고자 합니다.

첫째, 이동 약자를 위해 엘리베이터 사용을 최대한 자제하고 계단을 이용해 주시길 부탁드립니다. 엘리베이터 사용이 선택이 아니라 필수인 이동 약자가 언제든지 편하게 이용할 수 있도록 비워 주세요.

둘째, 기후 위기 극복과 에너지 절약, 여러분의 건강 증진 차원에서도 엘리베이터보다는 계단을 이용해 주시길 부탁드립니다.

셋째, 부득이하게 엘리베이터를 탑승할 경우 서로 배려하고 양보하는 마음으로 기본적인 에티켓을 지켜 주세요.

학생 여러분의 자율성을 믿습니다. 강제적인 규칙을 두어 제한하기보다는 스스로 에티켓을 지키고 배려하며 이용하는 문화가 형성되었으면 하는 바람입니다."

놀랍게도 이 안내 방송이 나간 다음 날부터 엘리베이터는 평화를 되찾았다. 적어도 짧은 거리는 계단을 이용하려는 학생들의 실천이 이어졌고, 학년 간 기 싸움이 사라진 자리에 에티켓이 들어왔다. 타율적 통제로 인한 단속은 인간의 자율성을 망각하게 한다. 누를수록 높이 튀어오르는 공처럼 사람 또한 통제에서 벗어나려는 순간 원래보다 무질서한 상황으로 회귀한다는 사실을 깨달았다.

학교라는 사회에서 규정이 없을 수는 없다. 적절한 규율과 약속은 우리를 안전하게 지켜 준다. 그러나 규율은 정당성을 지녀야 하고 정당성에 대한 이해를 바탕으로 자율적인 준수로 이어져야 한다. 세세한 규율 중심으로 돌아가던 생활지도는 구시대의 유물이 되고 있다. 현재의 학교는 천천히 그러나 확실하게, 통제를 느슨히 풀어내는 방향으로 흐르고 있다. 이는 혁신학교만의 유난이 아니라 자연스러운 사회적 흐름이다.

## "학생은 학생다워야지."

몇 년 전 A고에서 교복 착용이 화두에 오른 적이 있었다. 교복 대신 사복을 입고 등교하는 학생들이 늘어나면서 '학생답지 못한' 모습이 생활 태도에도 영향을 미친다는 지적이 있었다. 담임교사들을 중심으로 학급 학생들이 단정하게 교복을 착용할 수 있도록 학생부 차원의 지도를 해 달라는 요구가 이어졌다. 더불어 효정쌤이 담당하는 체육과에도 당부의 이야기가 전해졌다. 체육 시간에 사복 체육복을 허용해 줘서 학생들의 사복 착용이 증가하고 있으니 체육 시간에는 학교 체육복만 입도록 지도해 달라는 것이었다. 지금이라면 "왜요?"라고 의문을 제기했겠지만 그때의 효정쌤은 그것을 당연한 요구로 여겼고 바로 교과 차원의 시정에 들어갔다. 학교에서 정해 준 체육복 외에 사복 체육복은 금지하고 학교 체육복을 입지 않으면 태도 점수를 감점하는 초강수를 두었다. 당시 고2 담임이었던 효정쌤은 학급 학생들에게도 교복 착용을 강조했다. 조회와 종례 시간에 사복을 착용한 학생이 있으면 학급 청소를 시켰다. 조회 시간에 밝게 인사하며 기분 좋게 하루를 시작하는 대신 교복을 잘 입고 왔는지 단속하고 잔소리하는 것으로 하루를 시작했다. 종례 시간에는 학생들이 일과 내내 끝까지 교복을 잘 입고 있었는지를 확인했다. 몇몇 학생들은 사복 위에 교복을 덧입고 와서 조회가 끝나면 교복을 벗고 생활하다가 종례 시간에 맞춰 다시 교복을 덧입는 방식으로 교사의 잔소리와 벌 청소를 피했다. 이렇게 단속을 시작한 지 한 달 정도 지났을 무렵 문득 의문이 들었다. 우리는 대체 뭘 하고 있는 건가.

사실 너무 지치는 일이었다. 교복 착용을 단속하느라 모든 교사들이 매일을 불필요한 감정 소모로 보내는 기분이었다. 사실 교복을 각 맞춰 입는다고 학습 태도나 학급 분위기가 달라지지는 않았다. 교복이든 사복이든 교육 활동에 참여할 수 있을 만큼 편한 옷, 적어도 공공장소에서 사람을 만나는 데 지장이 없는 복장이라면 문제가 되지 않았다. 효정쌤은 체육 시간에도 비슷한 감정을 느꼈다. 사복 체육복을 입든지 학교 체육복을 입든지 학생들은 한결같이 땀 흘리며 열심히 뛰었다. 체육 시간에 체육복을 입는 가장 큰 목적은 운동을 하기에 적합한 안전하고 편한 복장을 갖추기 위함이다. 움직임에 제약이 있는 옷은 운동하기에 불편하고 부상으로 이어질 수 있기 때문이다. 이전까지 A고 체육과에서 사복 체육복을 허용했던 이유는 분실이나 체형의 변화로 기존에 가지고 있던 학교 체육복을 더 이상 입을 수 없는 학생들을 배려하기 위해서였다. 그 당시만 해도 A고의 학교 지정 체육복은 형광 주황, 핫 핑크, 고구마 자주 등 보기에도 강렬하고 색이 화려했다. 입는 학생들뿐만 아니라 교사들마저도 학교 밖에서 체육복을 입고 있는 학생을 보면 약간 부끄러울 정도였다. 이러한 상황이니, 체육과 교사들은 학생들에게 졸업하면 다시는 입지 않을 학교 체육복을 바뀐 체형에 맞춰 다시 사라고 강요하기보다는 기존에 가지고 있던 운동복을 활용해 수업에 참여하도록 했던 것이다. 그렇게 허용하니 학교 체육복을 입지 않는 학생들이 점점 많아졌다. 정작 체육과에서는 수업에 문제가 일어나지 않았는데, 불만의 목소리는 외부에서 터져 나왔다. 체육 교사로서 스스로 납득할 수 없는 지도를 하게 된 효정쌤은 가슴 한편이 불편했다.

학생생활규정에 명시된 용의 복장 규정의 목적은 '학생 스스로 자신의 모습을 사랑하고 소중하게 가꿀 수 있도록 하는 데 있다'고 한다. 그 목적이라면 형광 주황색의 지정 체육복보다는 나에게 맞는 체육복을 입는 것이 더 낫지 않을까? 체육과 교사들은 더 이상 화려한 체육복과 규정 사이에서 괴로워하고 싶지 않았다. 학생들의 선택을 존중하되, 통일성 있는 체육복을 원하는 학생을 위해 디자인 변경을 하기로 했다. 체육 교사들의 시장 조사, 전교생을 대상으로 한 디자인 수요 조사, 학생 공모전을 거쳐 체육복의 디자인과 로고를 결정했다. 과정을 함께한 학생들은 마치 '반티'를 찾아 입듯, 학교 체육복을 찾아 입었다. 자신의 모습을 가꾸고 사랑하는 방식으로 옷을 찾았다.

교복 착용 실랑이가 한바탕 휩쓸고 간 A고에서는 교직원회의가 있었다. 교직 18년 차를 맞은 한 선생님은 이 모든 과정을 갈무리하며 이렇게 이야기했다.

"학생인권조례에 의해 교내 두발 자유화가 밀려왔지만 학생의 일탈에 있어선 유의미한 변화가 생기지 않는다는 걸, 사안을 거치며 학교의 복장이 자율화되었지만 학생의 성적 하락에 있어선 유의미한 결과를 보이지 않는다는 걸 이 학교에 와서 깨달았습니다. 기우였네요."

학교에는 여전히 '학생다움'이라는 모호한 개념이 유령처럼 존재한다. '학생다움'이란 무엇일까? 화장하지 않은 얼굴, 염색하지 않은 모발, 단정하게 착용한 교복, 어른의 말씀에 이의를 제기하지 않고 무조건 수용하는 태도, 공부에 매진하는 성실한 자세와 같이 획일화된 모습이 학생다운 모습일까? 자신의 개성을 살리고 창의성을 발휘하며 각자의 삶에 책임감을 가지는 태도와 같이 다양한 모습의 학생다움을 이야기할 수는 없을까?

다양성과 창의성을 요구하는 현대사회에서 우리가 이야기하는 학생다움이 무엇인지 고민이 필요한 시점이다. 이미 세상은 바뀌었고 이에 따라 바뀌어야 할 것은 학교의 낡은 고정관념과 근거 없는 어른들의 걱정이다. '학생다움'이 다양한 모습으로 그려지는 학교에서는 '교사다움'도 다양한 빛깔을 가질 수 있다. '~다워야지'라는 실체 없는 요구를 벗어나면 누구라도 자유로워진다. 내 안의 욕구와 사회의 기대가 대립하는 혼란을 겪지 않고 '나다움'으로서 존재할 수 있다.

## "긁어 부스럼 만들지 맙시다!"

뉴스를 보다가 슬픈 예감이 들 때가 있고, 그 예감이 적중해 더 슬플 때가 있다. 2022년 가족과 함께 한 달 살기를 목적으로 교외 체험학습을 신청해 장기간 등교하지 않은 초등학생이 실종되었다가 끝내 온 가족이 모두 사망한 채로 발견되었던 사건이 보도되었을 때가 그랬다. 교사들은 그 뉴스를 보며 높은 확률로 '조만간 체험학습과 관련된 지침이 추가로 내려올 것만 같은' 불길한 느낌을 받았다. 슬픈 예감은 현실이 되어, 장기간 체험학습을 신청해 등교하지 않는 학생들에게 주 1회 전화를 하여 학생의 안전 유무를 확인하라는 교육부의 권고가 내려왔고, 교사들이 대거 반발한 적이 있었다. 교사들은 절차대로 업무를 진행했을 뿐 잘못한 것이 없는데, 늘 그랬듯 자리를 지키며 소임을 다하고 있었는데, 하룻밤 사이에 학교와 담임교사의 관리 소홀로 사고가 일어났다는 듯한 사회적 눈총과 함께 마치 '벌'과도 같은 새로운 업무를 부여받았기 때문이다.

가만히 있다가도 이런 날벼락을 맞는데, 교사가 어떤 교육 활동을 주체적으로 기획해 진행해 나가는 과정에서는 훨씬 더 많은 행정 업무와 책임감을 지속적으로 요구받는다. 학생 교육 활동 도중 일어나는 크고 작은 사안에 대한 책임으로부터 담당 교사는 결코 자유로울 수 없다. '책임', 듣기만 해도 버거운 단어다. 교육 활동의 기획자이자 운영자인 교사는 이런 상황과 분위기 속에서, 가급적이면 '꼭 해야 하는' 교육 활동 외의 다른 곳까지 손을 뻗기 쉽지 않다. 이미 무거운 어깨에 또 다른 부담과 책임감까지 업고 가면서 기꺼이 해 보고 싶다는 굳은 의지가 쉽게 생기지 않는 것이 솔직한 마음이고 현실이다. 학년부에서 '소규모 테마 여행'을 담당해 본 기억을 떠올리면 그 현실의 무게감이 되살아난다. '가급적이면 안 하는' 방향으로, 활동을 '최소화하는' 방향으로 교육 활동을 진행하면서 교사 자신을 지켜 내기 위해, 가급적이면 교사와 학생이 위험해질 상황에 노출되지 않도록 노력하는 것이다. 안 그래도 전염병으로 인해 이미 거대한 위험이 도사리고 있는 지금, 소풍이나 교육 여행과 같은 행사에 교사가 더욱 방어적인 태도를 갖게 되는 것은 충분히 이해되는 바다.

교육 활동을 기획하고 진행할 때 이 활동을 왜 실시해야 하는지, 꼭 실시해야 하는지 신중하게 접근하는 것은 매우 중요하다. 하지만 교사들을 움츠러들게 만드는 환경 속에서 점차 소극적이고 경직된 학교 분위기가 조성되면서 교육 활동의 다양성 자체가 줄어드는 모습은 어떻게 봐야 할까? 소극적인 분위기가 자리 잡은 곳에서는 무언가 사부작사부작 기획하고 해 보려는 교사들이 '지나치게 열심히 하는 사람', '튀는 사람'으로 치부되고 만다.

학급 단합 활동을 하자는 이야기가 반에서 스멀스멀 흘러 나올 때면 교사들은 반사적으로 이런 생각을 하게 될 것이다.

'우리 반이 행사를 한다는 사실이 다른 반에 소문이 나면 어쩌지?'

앞으로 일어날 일들을 예측해 본다. 우리 반이 단합 행사를 한다는 소식은 머지않아 다른 반에 퍼질 것이다. 다른 반 학생들도 단합 행사를 하고 싶다며 담임선생님께 조를 것이다. 그 반 담임선생님이 흔쾌히 "좋아! 그럼 우리도 하자!"라고 말하는 경우면 좋겠지만, 난감한 마음이 앞서는 선생님도 분명 있을 것이다. 하자니 귀찮고 버거운데, 안 하자니 마음이 불편한 선생님들이 계실 텐데, 그분들께 내가 난감함을 안겨 드리면 어쩌나 싶은 마음이 먼저 든다는 건 일견 슬픈 일이다. 나도 모르게 올라오는 죄송함과 민망함 때문에 단합 행사를 직접 기획하는 기특한 학생들에게 잔뜩 칭찬을 퍼부어 줄 타이밍을 놓친다.

이런 일들은 생각보다 자주 일어난다. 동학년뿐만 아니라 동교과 선생님들과도 비슷한 일이 생길 때가 있다. 교과 행사 아이디어가 떠올라 신나게 브레인스토밍을 하다가, 처음 생각에 비해 행사 규모가 생각보다 커질 것만 같은 불길한 예감이 엄습한다. 동교과 선생님들이 함께하면서 도와주면 행사도 훨씬 풍성해지고 좋을 것 같은 상황이다. 함께 잘해 보고픈 마음 반, 거절당할 것 같은 두려움 반에 괜한 일을 더 안겨 주는 듯한 죄송함을 한아름 안고 동교과 선생님들께 굽신굽신 제안(이라 쓰고 읍소라 읽는다)을 드려 본다. 기쁘게 함께해 주는 선생님들도 있지만, 생각보다 차가운 대답이 돌아오는 경우도 더러 있다.

"선생님, 근데 이런 건 안 해도 되잖아. 별로 의미도 없는 일 같은데 피곤하게 굳이 왜 하려고 해?"

"우리 학교 애들은 이런 것 해 줘도 어차피 못 알아들어."

지금도 이미 할 일이 충분히 많고 힘든데, 괜히 긁어 부스럼을 만들어 할 일을 늘리지 말라는 선생님의 속 깊은 배려라고 생각해야 할까.

이런 일들이 반복될 때, 가뜩이나 소심한 교사 1인은 더 작아지고 움츠러든다. 거절당하는 것을 즐기는 사람은 없지 않은가. 선생님들과 같이 해 보고 싶은 일들이 생겨도 입을 꾹 닫게 된다. '에이, 괜히 일 벌리지 말자. 괜히 일 벌리면 나도 힘드니까.'라는 합리화와 함께 금방 마음을 접는다. 혼자서 충분히 할 수 있는 일이라도, 내가 이런 일들을 한다고 했을 때 주변 선생님들께 암묵적인 부담을 드리는 게 아닌지 스스로 검열하기도 한다. 이렇게 자신도 모르는 사이 소극적인 학교 분위기에 스며든다. 대부분의 학교는 이렇게 아주 보수적으로 큰 변화가 없이, 좋게 이야기하면 '평화'롭고 나쁘게 이야기하면 '고리타분'하게 굴러간다.

교사는 이미 많은 업무를 하고 있다. 수업 활동 준비도 해야 하고, 학급 담임이라면 필연적으로 따라오는 감정 노동도, 행정 업무도 많다. 맡은 행정 업무 과정에서 하나하나 계산한 품의도 올려야 하고, 교육청에서 요구하는 공문도 올려야 하고 때로는 방과 후에 학생들을 따로 모아 행사도 해야 한다. 성적 처리도 오류 없이 해야 하고, 생활기록부도 훌륭하게 써 내야 한다. 이렇게 많은 업무들 중에서 꼭 해야 하는 일, 하지 않아도 되는 일을 구분하는 것은 업무의 효율을 위해, 학생들에게 쏟을 에너지를 비축하기 위해서라도 매우 중요하다. 예전부터 쭉 그렇게 해 왔다고 해서 문제의식 없이 계속 허례허식에 가까운 잡무들을 계속하는 것은 에너지 낭비다. 그렇지만 그것은 '잡무'에 한정된 이야기다. 학생들의 교육과 성장에 필요한 의미 있는 일이라고 판단된다면 그것은 무작정 선 긋고 안 해 버리면 되는, '긁어 부스럼'을 만드는 잡무가 아니다. 비록 내가 시작한 것이 아니더라도, 어떤 활동을 만들어 내고 꾸려 나가는 다른 교사들이 있다면 그들을 적극적으로 지지하고 응원하는 허용적인 분위기가 널리 퍼져 나갔으면 한다. 시간과 마음의 여유가 없는 교사의 삶에서 '긁어 부스럼'이 아니라 '두드리면 열리더라'는 이야기들이 더 많이 퍼지면 좋겠다. 속으로 삼키고 드러내지 못했던 교사 개개인의 고유한 색깔과 역량이 반짝반짝 빛날 수 있도록.

## "열심히 일하는 선생님, 더 일해라!"

'학교 업무'의 세계란 정말 신기하다. 여태까지 계속 일만 하면서 지낸 것 같은데, 정신 차려 보면 눈앞에 일이 또 주어져 있다. 마르지 않는 샘물처럼 일을 많이 하는 사람들은 늘 바쁘다. 실로 놀랍다. 기업에서 근무하는 다른 지인들을 보면 일을 많이, 열심히, 잘하면 인정과 칭찬, 그리고 어떤 형태로든 그에 대한 보상을 받는 것 같던데. 물론 교사도 맡은 일을 훌륭하게 해내면 동료들로부터 인정과 칭찬을 받지만, '보상'보다는 새로운 '일'을 획득하게 되는 느낌이 드는 것은 기분 탓일까?

12월 마지막 정기 고사인 2학기 기말고사 성적 처리가 끝나갈 즈음, 교사들 사이에서는 슬슬 다음 해의 업무 분장에 대한 이야기가 나오기 시작한다. 담임을 안 할 수는 없을까? 이 부서 업무는 피할 수 없을까? 지금 있는 부서에 1년 더 있을 수는 없을까? 분명 처음에는 두 명이 이야기를 하고 있었는데, 시간이 지날수록 대화의 참여자가 점점 늘어난다. 그만큼 신학년 업무 분장은 모두에게 초미의 관심사이자 흥밋거리이다. 저마다 내년의 거취에 대한 고민을 나누지만, 진짜 속마음에 대해서는 최대한 말을 아끼기도 한다. 괜히 말을 잘못 꺼냈다가는 그 말이 여기저기 소문이 나서 의도치 않은 결과를 얻을 수도 있기에 이를 미연에 방지하기 위함이다. 2월 초 피 튀기는 신학년도 업무 분장이 끝나고, 2월 신학기 준비 기간 교직원 회의에서 대망의 발표가 이어진다. 두둥. 여기저기서 희비가 교차한다. 복잡한 마음을 안고 새로운 자리로 떠나기 위해 이사 준비를 하느라 분주하다. 그 다음 날 첫 부서 회의 시간. 같은 부서로 배정받은 선생님 한 분이 부서 회의에 오지 않는다. 모두 어리둥절하다. 나중에 소식을 들어 보니 이번 학기 휴직을 하기로 결정했다고 한다. 혹은 내년도 업무 분장 희망원을 제출하면서 당당하게 "나는 고3 담임을 맡지 않으면 휴직을 하겠다!"며 자신의 포부를 선포하기도 한다. 이 글을 읽는 교사라면 아마도 즉각 떠오르는 얼굴이 하나 이상은 있지 않을까? 교직 생활에서 만난 모든 교사가 다 '우리 학교도 그렇다'고 했으니, 그만큼 결코 드물지 않은 사례일 거라 확신한다.

"2월만 잘 버티면 1년이 편해!"라는 말이 괜히 나온 것이 아니다. 학교에서 잔뼈가 굵은 선배들의 직간접 경험에서 우러나온 귀납적 결론이라고 봐도 무방하다. 이 만고불변의 진리는 학기중에도 적용된다. 우리는 이미 수많은 사례들을 보았다. 일은 하는 사람에게 몰린다는 것을. 어떤 식으로든 자신의 업무를 등한시하거나 아예 손 놓아 버리면, 어느새인가 '급한 사람들', '아쉬운 사람들'이 자의 반 타의 반으로 그 일을 대신 하고 있다. 열정과 책임감, 희생정신으로 하나둘 맡아 시작한 일들은 점점 눈덩이처럼 불어나고, 이내 자괴감이 몰려든다. 나는 왜 이 일을 하고 있는가? 나는 왜 '혼자' 이 일을 하고 있는가? 나는 왜 이렇게 '많은' 일을 하고 있는가? 이런 억울함은 꼬리에 꼬리를 물고 계속 늘어난다. 학교 일을 조금 열심히 하다가 이 일 저 일 맡게 되고 결국 과부하에 걸린 선생님들을 종종 볼 수 있다. 과부하 정도에서 끝나면 그나마 다행이다. 분명 다른 부서나 다른 사람의 일인데, 너무 자연스럽게 내 일인 것처럼 이것 좀 해 달라고 부탁하는 경우가 늘어나는 상황도 많다. '이 선생님은 당연히 배려해 주겠지. 당연히 도와주겠지.'라는 마음으로 주위에서 다소 무리한 요구를 하기도 한다. 이런 일들이 쌓여 상처를 입고 학교에 배신감을 느끼거나 악에 받혀 반(反)학교적인 태도로 돌변하는 교사들도 더러 생겨난다.

학교 일에 조금이라도 적극적인 자세로 임하다 보면 금세 사람들로부터 좋은 평판을 얻는다. 이런 좋은 소문(?)은 어김없이 부장 인선 철에 재조명되며, 그 사람을 단숨에 부장 물망에 올려놓기도 한다. 우리 네 사람은 1급 정교사 자격 이수증에 잉크가 마르기도 전에 바로 부장 후보로 언급되었던 기억이 있다. 심지어 지수쌤은 학교를 옮긴 첫해에 '업무 정상화와 소통을 위한 TF'에 참여해 몇 가지 발언을 했던 것이 좋은 소문(?)이 되어 부장 추천에 바로 이름을 올렸다. 4년 차, 6년 차 조무래기 교사로서 부장 후보에 올랐을 때 느낀 당혹감은 어마어마했다. 그동안 우리가 봐 왔던 부장 선생님들은 범접할 수 없을 정도로 업무와 인화 모두 달인의 경지에 올라 있던 분들이기에, 한 자릿수 경력에 학교 안에서 MZ세대의 발랄함을 담당하던 우리를 부장 자리에 넣어 생각한 적이 없었다. 어찌저찌 용케 한 해를 넘겼더라도 여전히 감격스러운(?) 부장 제의를 받게 된다. 우리 중 두 사람은 극구 사양하는 데 성공했고, 나머지 두 사람은 차례가 머지않았음을 직감하고 운명을 받아들였다.

학교가 좋다고 말하면서도 우리는 왜 매년 부장 제의에 벌벌 떨었을까? 우선 수평적인 교직 사회에 존재하는 '부장'이라는 특이한 직책이 주는 책임감이 부담스러웠다. 왠지 부장이라고 하면 부서의 살림을 도맡아 해야 할 것 같고, 부서원들의 안위를 내가 다 책임져야 할 것 같고, 부서의 분위기에도 신경 써야 할 것 같은 중압감이 어깨를 누른다. 게다가 학교에는 한 번 부장직을 수락하면, 적어도 2년 이상은 부장을 맡아

야만 할 것 같은 암묵적인 분위기가 있다. 업무의 연계성을 위해서다. 일단 부장으로 데뷔한 이후에는 공백기 없이 부장을 맡게 되는 선례들 또한 두려움으로 작용한다. 한 번 부장이 되면 부장직을 쉽게 내려놓을 수 없을 것 같은 불길한 예감은, 아직은 담임의 역량을 더 키우고 싶은 저경력 교사들에게는 너무나 큰 위협이 되기도 한다. 이쯤에서 의문점이 하나 생긴다. 학교에서 매년 같은 사람들이 부서를 이동해 가며 부장을 하고 있다면, 교직에 있으면서 단 한 번도 부장 교사를 맡지 않고 퇴임하는 사람들도 많다는 이야기인데. 부장이 힘들고 부담스러운 자리임을 다들 알면서 왜 소수의 몇몇에게만 부담을 지우고 있는 걸까? 이 문장을 쓰다 보니 답을 알았다. 부장이 힘들고 부담스러운 자리이기 때문이다. 부장 인선 시즌에 딱 한 번 마음 굳게 먹고 부장 제의를 강하게 거절하면 1년이 편하다. 1년에 한 번씩 매해 거절하면 1년이 2년이 되고 10년이 되는 것이다. 그러면 나의 10년은 편해지겠지. 하지만 분명 다른 누군가의 10년은 힘들어질 것이다.

교육과정이 개정될수록, 전통적인 지식 교육에서 벗어나 공동체 역량, 의사소통 역량 등 정의적 영역에 대한 교육을 점차 늘려 나갈 것을 강조하고 있다. 이제는 고등학교에서도 모둠 수업 장면을 어렵지 않게 찾아볼 수 있다. 보통 학년 초 첫 시간에 모둠을 구성하고 나면, 가장 먼저 모둠장을 정하고 각각의 모둠원이 역할을 나누어 맡는 시간을 주곤 한다. 모둠별로 프로젝트를 기획, 실행하고 산출물을 제작하는 과정에서 모둠 안에서는 크고 작은 갈등이 일어나기도 한다. 과제를 거의 혼자 도맡아 한 학생들은 나름대로 쌓인 불만을 교사에게 제기하고, 교사는 학생들에게 '무임승차'가 얼마나 이기적이고 무책임한 행동인지 알려 주면서 구성원 모두가 자신의 역할을 충실히 수행하고 협력할 것을 강조한다. 이렇게 수업 장면 속에서는 의사소통과 협력을 중요시하는 교사들이지만, 교직 사회의 단면을 보면 과연 우리는 수업 중에 공동체 역량과 협력을 힘주어 말할 자격이 있는지 가끔 의문이 든다. 열심히 하고, 잘하고, 책임감 넘치지만 거절 못 하는 교사들에게 업무가 편중되는 분위기로 인해 소수는 업무 과중에 시달리고 다수는 평화롭게 살아간다. "그 사람들이 좋아서, 원해서 하는 일이잖아."라는 명목으로, 몇 명의 전폭적인 희생으로 학교가 어찌어찌 굴러가는 이런 기형적인 학교 구조 문제를 모른 척하지 않았으면 좋겠다. 학교 업무의 경계라는 것은 늘 불분명하고, 예측할 수 없는 새로운 변수들이 생겨나기 때문에 역할을 칼같이 나눌 수는 없다. 그러나 분명 누군가는 2월 한 달을 버텨 1년을 편하게 보내고 있고, 그걸 못한 누군가는 1년을 고생하고 있음을 모른 체해서는 안 되는 것이다. 모두의 '워라밸'이 고루 보장될 수는 없을까? 고민이 필요한 지점이다.

교사는 힘들다. 학생들과의 크고 작은 갈등으로 힘들고, 외부에서 들어오는 온갖 민원으로 힘들고, 동료 교사 때문에, 관리자 때문에도 힘들다. 그런데 돌아보면 우리를 힘들게 하는 것은 위에서 나열한 개별 존재들이 아니라 이 모든 힘듦을 내버려 두는 '학교의 구조'다.

학교는 힘들다. 아무리 애쓰고 달라져도 여전히 학교를 향해 팽배한 사회의 불신으로 힘들고, 학교의 축구공 개수부터 학교 건축자재의 석면 사용 여부까지 교사에게 파악해 보고하라는 행정 편의적 요구로 힘들다. 생활교육과 교과교육의 전문성을 발휘하기 어려운 교사당 학생 인원수 때문에 힘들고, 교육적 노력을 성과로 줄 세우고 교사들끼리 상대평가하는 정책 때문에 힘들다. 그리고 무엇보다 교육이 사회의 모든 문제를 해결할 수 있다는 '교육 복음'과 '교육 만능주의' 속에서도 교사에게는 그 어떠한 권한도 호락호락 내주지 않는 문화와 분위기가 바뀌지 않아 힘들다.

교육평론가 이범은 자신의 저서 《문재인 이후의 교육》에서 우리 교육에는 교권 선진화 작업이 필요하다고 말했다. 무엇보다 행정의 논리에 따라 개학하기 1~2주 전에야 자신이 담당할 학년과 과목이 확정되는 상황을 '교권 없음'으로 설명했다. 서구 선진국에서는 신학년 시작 2~3개월 전에 자신의 담당 학년과 과목을 알게 되며, 따라서 교사에게는 교육에 대해 충분히 고민할 시간이 주어진다는데, 우리의 인사 발령 절차와 시기를 고려하자면 매우 요원한 일 같아 보인다. 업무 분장을 미리 조정하며 교사에게 충분한 시간을 주고자 했던 개별 학교들의 노력이 절반의 성공에 머무는 것은 이렇듯 교사와 학교의 시도를 뒷받침해 주지 않는 교육행정과 정책의 경직성 탓 또한 크다.

우리를 힘들게 하는 여러 목소리들. 혁신학교가 아니더라도 많은 학교와 교사들에게 데자뷰와 같은 목소리들일 거라 생각한다. 각자의 자리에서 애쓰고 있는 교사들의 무릎을 탁 꺾이게 만드는 것은 어느 포털 댓글창에 달린 맹목적 비난이 아니다. 오히려 나의 어려움은 개인의 몫이라는 듯 각개전투에 몰두하는 학교의 문화, '뭘 그렇게까지 열심히 하냐'는 비아냥스러운 한마디가 교사의 맥을 탁 풀리게 한다. 반대로 말하자면 교사 한 사람에게 힘을 실어 주는 것은 동료의 관심과 제안 한마디, 혼자의 어려움을 내버려 두지 않는 교육 문화라는 뜻이 된다. 학교 구조의 부조리함을 짚는 일 또한 이런 작은 참견에서 시작한다. 사소한 문제의식들이 모여 우리를 힘들게 하는 목소리들이 점차 사라져 가는 학교를 기대해 본다.

# 우리가 더 넓어진다면

혁신학교는 평온하지 않다. 소통과 설득을 양쪽 팔에 걸고서 부단히 단단해져 가는 과정을 겪으며 살아간다. 서울의 혁신 고등학교 14곳 중 13곳이 공립학교다. 공립학교의 특성상 매년 구성원이 교체된다. 구성원의 드나듦이 있어도 혁신학교의 교육적 목표와 구조를 유지하려면 끊임없는 대화가 필요하다. 우리는 부서원들과의 긴밀한 만남을 통해, 함께 모여 철학을 나누는 자리를 통해 우리의 방향성을 매번 다시 설정한다. 그 과정에서 '우리'의 범위가 늘어 간다. 혁신학교는 '우리 편'만을 구성원으로 받아들이는 폐쇄적 구조가 아니다. 자율학교로서 인사의 자율성을 조금 더 가지기는 하지만, 대부분의 구성원은 일반 전보 절차를 통해 혁신학교로 발령받는다. 우리가 그랬듯 어떠한 정보도 없이 '발령받고 보니 혁신학교'인 경우가 많은 편이다. 그렇게 얼떨결에 모인 사람들이 점차 비슷한 색을 띠게 되는 과정을 지켜보는 건 신기하면서도 생각보다 즐거운 일이다.

A고에서 만난 선배 교사가 있다. 이 선생님은 30년이 훌쩍 넘게 일반 고등학교에서 근무하다 2017학년도에 A고로 전근 왔다. 선생님은 전근 후 처음 전체 교직원과 인사하는 자리에서 "학생은 태양과 같습니다. 너무 멀리하면 얼어 죽고, 너무 가까이하면 타 죽습니다. 적당한 거리를 유지해야 합니다."라고 말했다. A고에서는 흔치 않은 말이었지만 당시 교장선생님만큼의 경력을 가진 베테랑이었기에 우리는 그분의 연륜을 존중했다. 효정쌤은 이 선생님과 3년 동안 한 부서에서 옆자리 짝꿍으로 근무했다. 처음 부임하셨을 때 선생님은 "학생들에

게 너무 잘해 주면 안 된다."며 학생들과 신규 교사들을 엄격하게 가르치셨다. 한 번은 쉬는 시간에 담임교사를 찾아 교무실에 들른 학생들에게 "교무실은 함부로 들락거리는 곳이 아니다."라며 특별한 용건이 없으면 나가라고 한 적도 있다. 당시 A고의 교무실은 교사와 개별 면담을 하러 오는 학생들부터 교무실 정수기의 온수를 사용하기 위한 학생들까지 아무 거리낌 없이 학생들이 출입을 하는 분위기였다. 그래서 선생님의 이 말씀은 학생과 교사 모두에게 놀라움으로 다가왔다. 자연스레 우리는 이 선생님과 함께 근무하는 동안은 학생들과 교무실에서 만나는 것을 자제해야겠다고 생각하게 되었다. 그러던 어느 날, 함께 근무한 지 2년쯤 지났을 무렵 수업을 마치고 교무실에 들어서다 놀라운 광경을 마주했다. 선배 선생님께서 한 학생이 부탁한 프린트물을 직접 복사해 주고 계셨기 때문이다. 쉬는 시간에 효정쌤의 담임 반 학생이 학습지를 좀 복사해 달라고 부탁하러 왔는데 효정쌤이 수업으로 자리를 비우고 없자, 선배 선생님께서 직접 복사를 해 주셨던 것이다. 여기서 끝이 아니었다. 복사된 학습지를 받아 들고서 꾸벅 인사를 하고 교무실을 나가려는 학생에게 책상 위에 있던 사탕을 하나 건네며 "너 이거 먹을래?"라고 하는 것이었다. 사탕을 받아 들고 나가는 학생을 보며 선배 선생님께서 고개를 갸웃 기울이시며 뱉으셨던 혼잣말이 아직도 잊히지 않는다.

"이상하다. 내가 이렇게 친절한 사람이 아니었는데?"

이후에도 회식 자리에서 종종 우리와 술 한잔 기울이며 "우리 학교 참 이상해. 30년을 이렇게 살았는데, 말년에 여기

와서 내가 변했어."라는 말씀을 했다. 처음 A고에 와서 '이 학교는……?'이라는 의문을 품었던 베테랑 선배 교사를 변하게 만든 힘은 뭐였을까? 자신이 지켜 온 교육의 틀이 명확해 '이 학교'라는 거리두기의 말을 절대로 거둬들이지 않을 것 같던 꼿꼿하고 우직한 교사가 '우리 학교'라고 애정을 담아 부르게 된 것은 어떤 이유에서였을까? 그건 '가랑비에 옷 젖기'와 같은 원리가 아닐까. 혁신학교가 운영되는 원리, 혁신학교를 계속되게 하는 원리, 바로 '문화'의 힘이 아닐까.

두 번째 학교에서 절반 이상의 시간을 지낸 지금, 우리 네 사람은 '탈혁신학교'를 꿈꾼다. 혁신학교가 싫어서가 아니라, 혁신학교가 아니어도 괜찮은 근무 환경이 되기를 꿈꾼다는 뜻이다. 우리가 그리는 행복한 교육공동체의 미래는 모든 학교가 혁신학교로 지정되는 것이 아니다. 교사와 학생, 보호자들이 혁신학교를 찾아 와글와글해지는 것도 아니다. 대한민국 학교 어디를 가도 우리가 '학교 참 좋다'고 했던 혁신학교의 장점을 발견할 수 있기를 꿈꾼다. 우리 네 사람이 굳이 혁신학교를 찾아왔던 그 이유가 사라지는 미래, 혁신학교 안에서만 불렸던 '우리'가 더 넓게 확장되는 미래를 꿈꾼다. 혁신학교 안에서 우리가 부단히 넓어져 왔듯, 학교 밖에서도 '우리'를 늘려 가는 작업은 가능할까?

# 동료들이 있다면 그곳이 어디든

## 친한 선생님보다 뜻이 맞는 동료 찾기

교직 사회는 꽤나 폐쇄적이다. 다른 학급, 다른 부서, 다른 교과에 대해 의견을 내는 것은 대부분 쓸데없는 참견이나 월권으로 받아들여진다. 적어도 학교 업무에 관해서는 경계를 침범하지 않기 위해 조심하는 경우가 많다. 아마 다른 교사들의 수업이나 업무가 자신과 크게 상관없다고 생각하고, 혼자만 잘하면 된다고 생각하는 경우가 많기 때문일 것이다. 실제로 학교는 여러 명의 교사가 함께 움직일 때 큰 힘을 발휘하지만, 그렇게 하지 않는다고 해서 학교가 붕괴되거나 최악의 상황이 되는 건 아니니 말이다.

학교 안 교사의 친분은 때때로 학생들이 맺는 친구 관계와 비슷해 보인다. 같은 교무실에 배치된 계기로 같이 밥도 먹고 일상도 나눈다. 성향이 비슷해 대화가 잘 통하거나 공통 관심사를 공유하는 '친한 선생님' 무리가 생기도 한다. 학교에서 겪는 부침과 괴로움을 공유하고, 사적인 이야기를 나누는 것은 교사가 학교에서 받는 스트레스를 해소하는 데 중요하다. 직장 안에서 안정감 있는 관계를 형성하는 것은 여러모로 긍정적이다. 하지만 이런 관계에서 더 좋은 학교, 더 좋은 학급, 더 좋은 수업에 대한 고민을 나누기란 결코 쉽지 않다. 인간적으로 친하다고 해서 학생을 바라보는 관점이나 수업을 대하는 자세까지 같은 것은 아니기 때문이다. 오히려 친한 선생님들 사이에서는 학생에 대한 관점 차이, 수업에 대한 온도 차이로 관계가 불편해질까 봐 조심하기도 한다. 교사로서의 만남이라기보다는 인간적 만남을 유지한다.

그러나 근무하는 학교에서 단순히 '친한 선생님'이 아닌 '뜻이 맞는 동료'를 만나는 것은 교사로서 매우 중요한 일이다. 뜻이 맞는 동료를 만난다는 것은 학생과 학교, 수업에 대한 철학을 공유하고 그것을 직접 학교 안에서 실천할 수 있는 기회와 힘을 얻는다는 뜻이다. 친한 선생님들과 담소를 나누면서 힘든 일에 대한 위로를 얻을 수 있다면, 뜻이 맞는 동료들과는 학생과 학교 그리고 교사 자신의 성장을 도모하며 앞으로 나아갈 수 있는 용기를 얻을 수 있다. '작년에 했던 대로'라는 관성이 지배하는 학교 안에서 새로운 시도를 하는 것은 그 자체로 학교에 새로운 흔적을 남기는 일이다. 그것이 성공하든 실패하든 교사는 스스로 조금씩 발전하고 있다는 느낌을 받을 것이다.

새로운 시도는 혼자서는 불가능하다. 뜻이 맞는 동료가 필요하다. '3의 법칙', 세 사람이 모이면 집단이 형성되어 의견이나 주장에 힘이 실리고, 사람들의 관심을 끌어 행동에 동참할 수 있게 만든다는 의미이다. 다시 말해 학교에서 마음이 맞는 두 명의 동료만 발견한다면 학교를 바꿀 수 있다. 변화를 좋아하지 않는 학교 사회에서 작은 불꽃을 틔우기 위해서는 세 명의 부딪힘이 필요하다. 이들이 만들어 내는 뜨끈한 분위기가 필요하다. 분위기라는 게 한 사람의 힘으로는 절대 만들어지지 않는다. 그러나 세 명만 있어도, 그 세 명이 꾸준히 재미있어 하며 무언가를 떠들고 만들고 시도한다면, 변화의 분위기를 만들 수 있다. 뜻 맞는 사람 셋만 모여도 어느 학교든 변화할 수 있다는 말은 단순히 떠도는 이야기만은 아니다. 유비, 관우, 장비 세 사람이 복숭아나무 아래에서 친구가 된 후에 이뤄 낸 역사를 떠올려 보자. 해리 포터와 론과 헤르미온느가 이끌어 낸 호그와트 속 학생 결사대 '덤블도어의 군대'를 떠올려도 좋다. 두 명의 동료를 찾았다면 '우리'를 넓히는 과정은 이미 시작된 것이다.

## 동료 찾기를 위한 노력

뜻이 맞는 동료를 찾는 것은 단순히 선생님들과 친해지는 것과는 다른 작업이다. 뜻이 맞는 동료를 찾기 위해 교사 한 명한 명 들쑤시고 다닐 수도 없고, 운명처럼 첫눈에 서로를 알아보기를 기대할 수도 없다. 그래서 교사들이 모이는 자리, 진짜소통을 할 수 있는 자리가 필요하다. 그런 자리를 만들고 소통을 진행하는 학교의 시스템이 중요하다. 혁신학교에서 운영되는 신학기 워크숍, 학기말 워크숍, 각종 TF 모임은 그런 역할을 한다. 신학기 워크숍에서는 주로 학교의 한 해 목표를 만들어 가기 위해 서로의 생각을 나눈다. '나는 왜 교사가 되었나', '나는 우리 학교 학생들이 ~한 사람으로 성장하면 좋겠다'와 같은 질문으로 대화의 물꼬를 트다 보면 자연스럽게 교사들끼리 서로의 철학을 확인할 수 있게 된다. 업무를 하면서 보지 못했던 모습들을 발견하기도 한다. 학기말 워크숍에서는 학교의 성과를 나누고 당면한 현실적 문제들에 대해 진지한 토론을 한다. 더불어 '교사가 되어 행복하다고 느낄 때', '더 나은 내년을 위해 우리 학교에 더해졌으면 하는 것'과 같은 뜬구름 잡는 이야기들을 나누기도 한다. 심지어 토론이 있는 교직원 회의에 비슷한 요소를 적용하기도 한다.

물론 혁신학교에 근무하는 교사들에게도 이런 자리는 낯간지럽긴 마찬가지다. 약주 한잔도 없이 속엣말을 터놓고 이야기한다는 게 가능하냐는 볼멘소리를 하며 몸을 괜스레 배배 꼬게 된다. 그럼에도 혁신학교가 내부의 많은 투덜거림을 이겨 내고 전체 교사들이 모이는 자리를 꾸준히 갖는 이유는 분명하다. 이런 소통의 자리를 통해 교육에 대한 관점이 비슷한 선생님들이 자연스럽게 모이기 때문이다. 교사들은 사적인 자리가 아닌 공적인 자리에서도 자주 만나야 하고, 공적인 자리에서 서로의 철학을 끊임없이 확인하고 부딪치고 합의해야 한다. 그래야만 뜻이 맞는 사람들이 모이고, 그 사람들이 새로운 시도를 이어 가고, 새로운 일들이 모여 학교가 변화할 수 있기 때문이다.

주변에서 뜻이 맞는 동료를 찾을 수 없다면 외부에서 찾는 것도 방법이다. 교원단체나 노동조합에 가입할 수도 있고, 교사들의 연구 모임에 찾아갈 수도 있다. 꼭 같은 학교가 아니더라도 서로 도움을 주고받는 방법은 꽤나 많다. 교육에 대한 철학을 공유하고 함께 고민하는 사람들이 존재한다는 것 자체만으로도 용기를 얻게 된다. 학교가 너무 답답할 때는 약간의 거리감이 있는 외부자이면서 교육계의 내부자이기도 한 다른 학교 선생님이 최고의 동료가 되어 주기도 한다. 학교 밖 동료에게서 얻은 새로운 상상력은 학교의 답답함을 이겨 낼 힘이 되어 주기도 한다.

## 동료 찾기의 시작은 '나 찾기'

무엇보다도 중요한 것은 교사 스스로가 교육에 대한 자신의 철학을 세우는 것이다. 지금까지 뜻이 맞는 동료를 만나지 못했다는 것은 자신에게 어떤 뜻이나 교육관이라 부를 만한 명확한 상이 존재하지 않아서일지도 모른다. 어떠한 철학, 어떠한 마음가짐이 무조건 옳다고 단정할 수는 없다. 때론 그것이 옳고 그름의 문제이기도 하지만 대부분 가치판단의 문제에 가깝기 때문이다. 다만 무조건 '편하게', '하던 대로'가 교육자로서의 철학이 될 순 없지 않을까? 누군가는 교사란 사회인으로서 가지게 된 직업일 뿐인데 거창하게 철학씩이나 필요하냐고 물을 수 있다. 그러나 교직을 그저 하루 8시간을 보내는 건조한 밥벌이로만 여길 수 있을까? 학교에서 교사가 마주하는 매 순간이 교육적 선택의 연속이다. 학생에게 건네는 인사 한마디, 교실 앞에 붙이는 안내문, 학습지에 뚫어 두는 빈칸 개수까지 모두가 교육적 선택이며, 이 사소한 순간에도 교사의 교

4 우리는 더 넓어질 수 있다

육적 고민이 스며든다. 모든 교사에게는 거창하게 이름 붙이지 않았을 뿐 교육적 철학이 있다. 막연하고 어렴풋하게나마 '최소한 이것만은' 지켜 온 교사로서의 원칙과 신념을 잘 갈무리해 소중히 이름 붙여 주면 좋겠다. 더 나은 교육을 고민하고, 교육에 대한 원칙을 정리하고, 결국 교육관이라 이름 붙이는 것. 이런 명명의 과정을 거치다 보면 뜻 맞는 동료를 만나게 될 것이다. 다른 이에게도 그 빛깔과 향기가 전해져 의미 있는 무언가를 함께 만들어 갈 수 있을 것이다.

세상이 내린 세대론의 기준에 따른다면 우리 네 사람은 MZ세대다. 직장에 체력과 정신력을 갈아 넣고 싶지도, 워라밸을 포기하며 헌신하고 싶지도 않은 평범한 대한민국 청년이다. 우리는 교사가 힘들지 않을 교육, '완벽'이라는 이름으로 과도한 희생과 열정을 요구받지 않는 환경을 바란다. 오해가 없으면 좋겠다. 교사가 힘들지 않을 교육이란 '학생을 위해 교사 개인이 희생되고 망가지지 않는 교육'이란 뜻이지, '학생의 성장과 관계없이 교사만 쾌적하고 편한 교육'이란 말이 아니다. 완벽한 교육이 없다는 말은 '어떻게 해도 완벽해질 수 없으니 하던 대로 하면 되지 힘쓸 필요가 없다'는 뜻이 아니라, '조금이라도 더 완벽에 가까워지기 위해 최대한의 힘을 써 보겠다'는 다짐이다. 우리는 적어도 '쪽팔리는' 교사로 살고 싶지는 않다. 교사로서 자신에게 부끄럽지 않으려면 적어도 교육에 나서는 마음에 철학이나 교육관이라 불릴 어떤 결심은 있어야 한다고 믿는다. 그것이 마음 맞는 동료를 찾는 첫 번째 단계일 것이다.

## 구조를 이기는 힘, '한 사람'

교사로서 학생들이 성장하는 모습을 경험하는 것, 학생들이 행복해 하는 모습을 목격하는 것만큼 즐거운 일은 없을 것이다. 학생들이 학교에서 보내는 모든 순간을 성장의 경험과 화수분 같은 행복으로 채워 주고 싶지만 당연히 그것은 불가능하다. 교육에는 정답이 없고 사람이 하는 일이기에, 지난번의 작은 성공이 다음에도 그대로 적용될 거란 보장이 없기 때문이다. 그래서 어떤 교사도 자신의 방법만이 최선이고 절대적으로 옳다고 말하지 못한다. 그렇기에 교사에게는 더더욱 동료가 절실하게 필요하다. 교육에 대해 함께 고민하고 의견을 나눌 수 있는, 더 나아가 우리의 고민을 공동의 실천으로 옮길 수 있는 동료가 필요하다. 손발이 잘 맞는 동료 한 사람은 너무 소중하다. 그렇다고 해서 동료와 늘 짝짜꿍이 잘 맞아야만 좋은 것은 아니다. 동료는 때론 나와 지향하는 방향이 다를 수도, 변화 자체를 거부할 수도 있다. 이럴 때에는 분명 편치 않은 상황이 연출되지만, 이런 유형의 동료 또한 교사의 성장에 필요한 존재이다. 모두가 Yes를 외칠 때 No! 또는 Maybe를 외치는 사람의 존재는 분위기를 환기시킨다. 비록 그것이 단한 명일지라도 말이다. 대립을 겪으며 교사는 자신이 가진 교육적 철학을 다듬게 된다. 대화와 설득을 위해 교육 활동에 대한 설명의 언어를 장착하게 되고 이것은 더 나아가 설득에 나선 교사의 자부심을 고취시켜 준다. '딴지'는 결국 우리를 고민하게 만들고 발전적 방향으로 이끈다. 다른 의견을 가진 동료는 대립의 씨앗이 아니라 성장의 동력이다. 그만큼 아주 소중하다.

동료만큼이나 '들어 먹힐 만한' 구조도 중요하다. 마음 맞는 동료들이 모여 불합리한 학교 운영에 문제를 제기하거나 학생들을 위한 새로운 교육 활동을 기획해도, 그것이 실현 가능한 학교 구조가 아니라면 모든 것은 수포로 돌아간다. 학생뿐만 아니라 교사도 교육 활동을 통해 주체가 되는 경험과 직업에 대한 효능감을 얻는다. 그게 가능하려면 학교가 교사의 열심을 지지하는 곳이어야 한다. 동료와 으쌰으쌰 재미있게 작당 모의를 해 본 기억에 교사로서의 자부심과 뿌듯함이 더해질 때, 긍정적 경험이 누적되고 강화되어 다음을 또다시 기대할 수 있게 된다.

앞서 말한 대로 '우리 학교에선 아무것도 할 수 없다'고 절망하는 선생님을 만날 때가 있다. 자신도 학교에서 비슷한 걸 시도하기 위해 노력했는데 학교의 분위기와 상황 때문에 실패했다고, 혹은 시도해 볼 엄두도 내지 못했다고 이야기한다. 동료들은 좋아도 학교는 변화를 받아들일 구조를 갖추지 못했다고 속상해 한다. 개별 학교의 자세한 상황은 알지 못해도 어떤 분위기일지, 어떤 마음일지 짐작할 수 있다. 그럴 때마다, 특히 선생님의 교육적 열정과 진심이 느껴질 때는 안타깝고 속상한 마음이 든다. 혁신학교라는 시스템이 있으니 맘 맞는 동료도 찾을 수 있고 실천도 되는 것 아니냐는 말에는 '그렇기도 하고 아니기도 하다'고 답하고 싶다. 혁신학교에 대한 오해 중하나는 혁신학교가 되면 공통적으로 '짠!' 하고 주어지는 특정한 제도나 구조가 있지 않냐는 것이다. 그렇지 않다. 서울의 14개 혁신 고등학교는 14가지의 다른 모습으로 운영되고 있다. 업무 구조도 학교의 중심 철학도 이모저모 둘러보면 다른 모습이 많다. 그것은 혁신학교가 디테일 하나하나 정해져 복사와 붙여넣기를 하는 거푸집이 아니라 상황과 맥락에 따라 구성되는 유기체에 가깝기 때문이다. 결국 여기에서도 구조를 만드는 것은 사람이다. 지금의 바탕이 만들어진 데에는 '한 사람'들이 있었다. 상명 하달식의 교직원 회의에 질려 교직원 회의의 의결 기구화를 제안한 '한 사람'이 민주적 의사소통의 바탕을 깔아 주었고, 방학 때 듣고 온 연수가 혼자만 알기엔 너무 좋아서 담임선생님들에게 '회복적 생활지도 워크숍 같이 들어요'라고 쪽지를 보낸 '한 사람'이 학교 생활지도의 흐름을 바꾸는 시작이 되었다. 혁신 고등학교 네 곳을 경험하며 우리는 제도에 기댔다기보다 그 제도를 추동시킨 '한 사람'에게 기댔다. 우리 부서 부장님이기도, 열정 넘치는 학부모 회장님이기도, 심지어 발령 동기인 신규 교사이기도 했던 그 '한 사람'의 용기에 빚지며 지금껏 온갖 도전과 실패, 작은 성공들을 쌓아 왔다. 그래서 이야기하고 싶다. 우리 학교의 구조가 정말 '0'에서 시작해야 하는 황무지라면, 첫 삽을 뜨는 그 '한 사람'이 내가 되어 보면 어떨까? 학교 안에서 나의 위치나 깜냥을 재고 따지며 움츠러들기보다, 소소하게 옆자리 선생님 한 명을 포섭하는 것으로 마중물이 되어 보면 어떨까? 그렇게 모인 둘이서 또 한 명을 포섭해 3인의 작은 날갯짓을 학교에서 펼쳐 보는 건 어떨까? 누가 아는가, 3의 법칙에 따라 작은 날갯

짓이 큰 돌풍으로 학교 전체를 휘감게 될지.

## 학생과 동료 되기

학교 안 동료 찾기의 '끝판왕'은 학생들과 동료가 되는 것이다. 여기서 핵심은 동료가 될 만한 학생을 찾는 것이 아니라 학생들과 동료가 되는 것 그 자체이다. 학생들과 동료가 된다는 것은 학생을 바라보는 관점을 바꾸는 것이고, 학생을 대하는 태도 자체를 바꾸는 것이다. 학생과 교사를 동등한 존재로 바라보는 것이다. 학생을 교사와 동등한 관계의 동료로 본다면 학교의 변화와 교육의 변화는 훨씬 빠르게 시작될 것이다.

많은 교사들이 '좋은 어른' 콤플렉스에 시달리는 것 같다. 학생들에게 귀감이 될 만한 '좋은 어른'이 되어야 한다는 압박 때문에 연기를 하는 것처럼 보이기도 한다. '좋은 어른'이 되는 건 사실 나쁜 일이 아니다. 그러나 단어 자체에서도 느껴지듯이 '좋은 어른'이란 결국 가르침을 전해 주는 윗사람과 그것을 받아들이는 아랫사람의 존재를 전제한다. 교직이 학생을 교육하는 직업이지만, 반드시 윗사람의 위치에서 아랫사람에게 가르침을 주는 직업은 아니라고 생각한다. 교사와 학생 사이에는 역할의 차이가 있을 뿐 위계의 차이는 없기 때문이다. 교사가 '좋은 어른'이라는 역할에 집착하면 학생들의 행동을 판단하고 심판하게 된다. 자신의 기준으로 무례함을 정의하게 된다. 학생들의 합리적인 목소리에 귀를 닫게 된다. '어디 감히'만 머릿속에서 되뇌는, 단지 나이 많은 '어른'에 불과하게 된다. '좋은 어른'에 집착할수록 꼰대가 되는 모순이 발생한다. 나아가 '내가 무조건 맞아'라는 목소리가 깔려 있는 교육은 절대 제대로 되기 어렵다. 논리적이지도 설득적이지도 못한 주장은 말하는 사람을 우습게 만들 뿐, 듣는 사람의 마음에 가닿지 못하기 때문이다.

교사는 학생에게 '좋은 어른'이 아닌 '좋은 동료'가 되어야 한다. 학생을 성장하게 하는 의미 있는 교육은 교사와 학생이 함께 만들어 갈 때 가능하다. 교사가 학생들에게 일방적으로 전달하는 방식만으로는 교육이 실현될 수 없다. 비고츠키부터 사토 마나부까지 많은 교육학자들이 교육에 있어 협동을 강조해 왔다. 교실에서 협동이 가능하려면 학생과 학생들뿐만 아니라 학생과 교사가 협동하는 과정도 있어야 한다. 결국 교사는 좋은 교육을 위해서 학생과 협동해야 한다. 서로 협동하는 관계라면 충분히 '동료'라고 부를 수 있다.

학생과 동료가 되기 위해 교사는 학생들과의 소통을 멈추지 말아야 한다. 이때의 소통은 교사가 학생들의 상황과 입장을 무조건적으로 이해하고 들어 줘야 한다는 시혜적인 태도의 소통이 아니다. 교사는 학생을 온전히 이해할 수 없다. 기본적으로 교사와 학생은 일대다의 관계이기 때문이다. 학생의 관점에서 학생들을 무조건 이해해야 한다는 이야기는 어찌 보면 수많은 특성을 가진 다양한 학생들을 '학생'이라는 하나의 집단으로 단순화하고 대상화하는 무책임한 이야기일 수 있다. 높은 자로서 낮은 자를 무조건 품어야 한다는 시혜적인 논리

일 수도 있다. 둘 중 어느 것도 평등한 관계 맺음은 아니다. 중요한 것은 교사가 학생을 이해하는 것 그 자체가 아니라 교사가 자신을 이해하고 자신의 모습을 학생들에게 온전히 드러냄으로써 서로에 대한 이해를 높이는 것이다. 교사가 학생들을 이해하기 위해 노력하는 만큼 학생들도 교사를 이해하고자 시도할 수 있도록 담벼락을 낮춰 주는 것이다. 안전함을 느끼는 상황에서 서로 동등한 관계로 대화하고 소통할 수 있을 때 학생과 교사는 동료가 될 수 있다.

결국 교사들과 교사의 교육 활동에 힘을 실어 주는 것은 학생들이다. 학생들에게 지지받는다는 것은 단순히 학생들에게 친절을 베푼다고 해서, 학생들의 환심을 사는 행동을 반복한다고 해서 가능한 것이 아니다. 학생들은 자신에게 좋은 수업과 교육 활동을 제공해 주는 교사를 지지한다. 학생들에게 무조건적으로 허용하는 태도나 교육 활동은 지지의 대상이 아니다. 말 그대로 시혜적이기 때문이다. 교사의 교육 활동에 대한 학생들의 지지는 학교와 수업의 주체가 학생 자신일 때 시작된다. 교사가 학생을 자신과 동등한 존재로 대우하고 학생들이 함께 교육 활동을 만들어 가는 주체가 될 때, 다시 말해 학생이 교사와 동료가 될 때, 교사와 교육 활동을 지지하게 되는 것이다.

학생의 지지는 교사에겐 그 어떤 것보다 큰 힘이 된다. 학교의 많은 교육 활동을 가로막는 여러 민원 그리고 민원보다 훨씬 큰 민원에 대한 두려움은 결국 학생에서부터 시작되기 때문이다. 학생들이 지지하는 활동이라면 게다가 그것의 교육적인 의미가 분명하다면 학교가 교사를 지원하지 않을 이유가 없다. 더 나아가 본질적으로 학교는 학생의 교육을 위해 존재하는 곳이다. 교육의 대상인 학생들이 교육 활동을 지지하는 것만큼 강력한 명분은 없다. 학생과 동료가 될 수 있는 교사라면, 그런 교사가 학교에 많아진다면 학교는 분명 더 좋은 곳이 될 것이다.

# 당신의 학교는 어떤 곳입니까

## 우리 학교의 철학이 뭐예요?

많은 혁신학교들은 1년에 최소 2번 정도 '학기말 워크숍'이라는 이름으로 전 교사가 모여 다양한 의제에 대해 의견을 공유하는 시간을 가지고 있다. 우리는 혁신학교에 근무하며 여러 가지 형태의 워크숍을 경험해 왔다. 심지어 2020년부터는 코로나19로 인해 학기말 워크숍이 생략되거나 비대면의 형태로 간소하게 진행되는 초유의 사태를 맞이하기도 했다.

지수쌤이 현재 근무하고 있는 C고 선생님들 사이에는 한때 '포스트잇 공포증'이라는 유행어가 있었다. 이 유행어는 지금도 미약하게나마 명맥을 유지하고 있는데, 이 단어의 유래는 다음과 같다.

학기말 워크숍에서는 보통 어떤 의제나 안건에 대해서 분임 토의를 하게 된다. 분임 토의 결과 모인 의견은 워크숍 마무리 시간에 분임 선생님 중 한 사람이 대표로 발표를 하면서 학교 구성원 전체와 공유한다. 분임 토의에서 빠질 수 없는 준비물이 바로 포스트잇과 유성 마커, 그리고 전지와 같은 커다란 종이이다. 선생님마다 포스트잇을 한두 장씩 가져가서 유성 매직으로 자신의 의견을 간단히 적고 전지에 붙이는 형태로 의견을 모은다. 그래서 우리는 한 번의 워크숍 동안 여러

장의 포스트잇에 의견을 적어 붙여야 한다. 시청각실 같은 넓은 곳에서 일방적으로 전달 사항을 공지받는 교직원 회의와는 다소 다르게 우리가 직접 의견을 내고 토의에 참여하다 보니 선생님들이 크게 피로감을 느끼곤 한다. 그런 상황에서 선생님들이 결정적으로 '포스트잇'을 경계하고 싫어하게 된 이유는 기껏 포스트잇에 열심히 쓴 자신의 의견이 학교 운영에 적극적으로 반영되지 않았기 때문이다. 그래서 한동안 C고에서의 워크숍은 '선생님들의 일과 후 귀중한 시간을 빼앗아 가는 의미 없는 행위' 정도로 치부된 적이 있었다.

1학기 기말고사 시험 기간이었던 어느 날, 아주 오랜만에 C고 전 교사 대면 워크숍이 진행되었다. 선생님들은 도서관 입구에서 제비를 뽑아 무작위로 결정된 모둠으로 흩어졌다. 그동안 열 차례가 넘는 워크숍에 참여한 경험을 돌이켜 보면, 워크숍에 늘 참여하는 선생님도 있지만, 몇 년 동안 워크숍에서 단 한 번도 얼굴을 비치지 않는 선생님들도 있다. 이번 워크숍은 한눈에 보아도 평소에 비해 많은 선생님들이 참여하셨고, 지수쌤이 워크숍 장소인 도서관에 도착했을 때 이미 도서관의 분위기는 오랜만에 한자리에서 만난 선생님들의 근황 토크로 들썩거리고 있었다.

혁신 부장 선생님이 기획한 순서에 따라 모둠별로 간단히 아이스 브레이킹을 진행했다. 처음엔 '아, 이런 유치한 걸 뭐하러 하나.'라고 생각하던 선생님들도 금세 아이스 브레이킹을 즐기며 모둠의 분위기는 한껏 부드러워졌다. 본격적인 토의로 넘어갈 즈음 문득 5개월 전인 2월 신학기 준비 기간이 떠올랐다. 신학기 준비 기간에 했던 분임 토의에서 'C고의 철학은 무엇인가?'의 주제로 이야기를 나누었는데, 그 주제를 듣고 기존에 근무하던 선생님들과 새롭게 C고의 구성원이 된 선생님들 모두 너무나 어려운 질문을 맞닥뜨린 나머지 섣불리 이야기하지 못하고 당황한 적이 있었다. 그래서 사실 이번 워크숍에서는 어떤 주제로 이야기를 나누게 될지 두렵기도, 궁금하기도 했다. 워크숍의 본격적인 토의 주제는 'C고의 좋은 점과 아쉬운 점'이었다. 생각보다 직관적이고 쉬운 질문에 선생님들은 각기 포스트잇에 C고의 좋은 점과 아쉬운 점을 술술 적어 내려갔다. 교사들은 모둠 안에서, 또 자리를 이동해 모둠을 바꿔 가며 서로의 의견을 교환했다. 토의를 마치고 각 모둠의 의견을 전 교사에게 공유하며 워크숍이 끝났다.

　지수쌤은 워크숍이 끝난 후 여러 가지 생각이 들었다. 워크숍에서 나눈 이야기들은 결국 '학교의 철학'에 관련된 것이었다. '학교의 철학이 무엇이냐?'라는 질문은 너무나 거창하고 감당하기 어렵게 느껴졌지만, '학교의 장단점이 무엇이냐?'라고 물으면 대답하기 쉬워질 뿐 결국 질문의 본질은 같지 않을까. 워크숍에서 나왔던 이야기들을 되짚어 보면, C고의 장점으로 많이 언급된 것은 '자유로움'이었다. 자유로운 학교 분위기, 해 보고 싶은 것이 있으면 눈치 보지 않고 선뜻 추진해 볼 수 있는 분위기에 관한 이야기들이 많았다. 아쉬운 점 중에서도 대다수의 모둠에서 공통적으로 나왔던 것들이 있었다. 좋은 점도 아쉬운 점도 결국 우리가 근무하는 학교의 모습이자 정체성이다. 교사 개개인의 입장에서는 '아무런 방향 없이 표류하는 것이 아닌가?' 싶겠지만, 사실 학교는 어딘가로, 일정한 방향으로 흐르며 나아가고 있었던 것이다. 우리는 이렇게 머리를 맞대고 이야기를 나누며 의견을 모으고, 학교의 면면을 적절한 언어로 정리하는 과정에서 우리가 근무하는 학교의 '철학'을 확인하게 된다. 이렇게 확인한 학교의 '철학'은 다시 교사 개개인에게 영향을 주고, 시간이 흐른 뒤에 그들이 다시 한자리에 모여 치열하게 이야기를 나누고, 그 이야기들은 전보다는 조금 변모한, 조금 새로운 '철학'으로 자리 잡는다.

학교만의 고유한 정체성과 철학을 세우고 그것을 구성원이 수시로 공유하는 일은 왜 중요할까? 우선 학교를 둘러싼 여러 가지 상황이 시간에 따라, 공간에 따라 달라지기 때문에 정체성과 철학은 수시로 정비되어야 한다. 학교의 철학이라고 하면 대표적으로 떠오르는 단어는 '교훈'이다. 역사와 전통이 있는 학교들의 교훈에 들어가는 단어들은 '정직', '근면', '지혜'와 같은 것들이다. 이런 단어들은 오늘날의 시대상을 반영하기에는, 오늘날 우리가 교육의 목표로 삼기에는 다소 구시대적인 경우가 많다. 신설 학교가 많은 세종시의 초중고등학교 교훈을 세종시교육청에서 모두 조사한 결과 가장 많이 등장하는 단어는 '행복', '꿈', '함께'라고 한다. 이렇게 아주 길게 보았을 때 교훈도 시대에 따라 점점 변모하는데, 학교가 마주하고 있는 환경은 과거에 비해서도 더욱 빠르게 변화하고 있으니 학교도 변화 속도에 맞추어 학교가 나아가는 방향을 유연하게 조절할 수 있어야 한다. 게다가 매년 새로운 구성원들을 맞이하는 학교는 해마다 새롭게 시작하는 것이나 마찬가지다. 구성원이 달라진다면 공동체가 추구하는 방향과 속도도 그에 맞추어 달라져야 한다.

학교의 정체성과 철학은 우리가 교육해야 할 것, 그리고 학생들이 배워야 할 것에 대한 지표 그 자체이기도 하다. 정체성과 철학이 있다면, 그것에 기반하여 우리가 해야 할 수업 활동과 교육 활동의 종류와 성격을 규정할 수 있다. 학교에서 일어나는 교육 활동은 뚜렷한 목표 아래에 비슷한 '결'을 갖게 된다. 학생들에게도 일관성 있는 교육을 제공할 수 있기 때문에 의미 있는 교육 활동이 이루어질 수 있다. 더불어 학교 철학은 우리에게 끊임없이 질문을 던진다.

"우리는 왜 이 교육 활동을 해야 하는가?"

"우리가 하는 교육 활동의 목적은 무엇인가?"

이런 질문들은 꼭 필요한 일(목표에 부합하는 일)과 필요하지 않은 일(목표와는 다소 거리가 먼 일)을 구분할 수 있는 이정표 역할을 한다. '작년에도 했으니까 올해도 똑같이 해야지, 작년에도 안 했으니까 올해도 하지 말아야지'처럼 '작년'이 기준이 되는 것이 아니라, 목표가 기준이 된다면 업무와 교육 활동들을 더욱 유의미하게 확장시키고 불필요한 것은 효과적으로 쳐낼 수 있다. 꼭 필요한 일에 교사들이 더 많은 에너지를 쏟을 수 있고, 불필요한 업무나 교육 활동을 하는 데 쓰이는 에너지 낭비를 줄일 수 있을 것이다.

학교의 뚜렷한 목표는, 그 목표에 따라 기꺼이 뜻을 함께할 수 있는 동료 교사들을 끌어들이는 힘이 있다. 동료 선생님들에게 전보 시 다음 근무지를 정하는 기준이 무엇인지 물어봤을 때, 많은 선생님들은 '집과의 거리'를 꼽는다. 어떤 선생님은 집을 중심으로 컴퍼스를 돌려서 출퇴근이 용이한 거리를 반지름으로 하는 적당한 크기의 원을 그린 다음, 원 안에 들어 있는 학교 중 거리가 가까운 학교들 위주로 전보 희망원을 적어 낸다는 아주 구체적인 '꿀팁'을 전수해 주기도 한다. 개인의 삶에서 '직주근접'은 매우 중요하다. 그런데 우리가 이렇게 근무지를 결정할 때에 직주근접을 중요시하게 된 이유는 무엇일까? 직접 근무해 보지 않고는 이 학교가 어떤지 저 학교는 어떤지 알기도 쉽지 않을 뿐더러, 특색이 있는 학교들이 사실 그리 많지 않기 때문이 아닐까? 어딜 가나 학교가 다 고만고만하다면 집과 거리가 가까운 게 최고라고 느끼지 않을까? 기껏해야 우리가 다음 학교 후보들에 대해 들을 수 있는 이야기나 소문은 "그 학교는 애들 상태가 영 별로래.", "그 학교는 선생님들 분위기가 진짜 별로래." 이런 정도에 머문다. 그러나 만약 학교들이 추구하는 목표와 특색이 뚜렷하다면 어떨까? 나와 뜻이 맞는 학교라고 생각하면 기꺼이 희망원에 그 학교 이름을 적고, 나와 맞지 않는다고 생각했다면 희망원에 이름을 올리지 않는 정도의 자발적인 선택쯤은 할 수 있을 것이다. 그리고 그 학교에는 뜻을 모으고 서로에게 힘이 되어 줄 수 있는 동료들이 좀 더 늘어나지 않을까.

학교의 철학은 갑자기 누구 한 명이 나서서 '이것이다!'라고 툭 정해 줄 수 없다. 개별 학교들이 학교만의 철학을 갖기 위해서는 구성원들 간의 의견 공유 과정이 매우 중요하다. 혁신학교를 중심으로 만들어진, 교사들 간 소통의 핵심 기구인

'교원학습공동체'와 '토론이 있는 교직원 회의'라는 단어는 이제 일반 학교에서도 심심치 않게 찾아볼 수 있다. 서울시교육청에서는 '토론이 있는 교직원 회의' 실시에 관한 공문 및 가이드라인을 각 학교로 발송하기도 했다. 우리는 이러한 소통 기구들이 만들어진 취지와 목적을 모두 알고 있다. 또한 학교가 나아갈 방향을 설정하는 것, 그리고 이를 위해 구성원들이 지속적으로 소통하는 것이 매우 중요하다는 것도 알고 있다.

　그렇지만 이러한 소통 기구들이 본래의 취지를 지키며 제대로 작동하는 학교들은 생각보다 많지 않은 것 같다. 혁신학교 중에도 이미 한 달에 한 번 정기적으로 열리는 전체 교직원 회의에서 토론이 사라진 학교들이 많다. 그나마 '학기말 워크숍' 행사가 있어 1년에 2번 정도는 토론을 진행하고 있지만, 이미 '토론이 있는 교직원 회의'는 교사들에게 피로감만 안겨 줄 뿐 제대로 작동하고 있지 않다는 것이다. 우리는 소통의 중요성을 알면서도, 민주적 의사 결정 과정의 소중함을 알면서도, '피곤하다'는 이유로 소통의 과정을 기피하곤 한다. 학교 현장에 맞지 않는, 이미 업무 과중으로 지친 교사의 피로도를 고려하지 않는 방식의 '토론이 있는 교직원 회의' 시행은 분명히 지양되어야 한다. 그러나 학교 구성원 중 한 사람인 교사 개개인이 민주적인 의사 결정 과정에 기꺼이 참여하고자 하는 책임감도 어느 정도 필요하지 않을까? 학급 자치의 일환으로 진행하는 학급회의 역시 뚜렷한 성과나 결론은 내지 못하지만, 교사들이 학생들에게 회의에 적극적으로 참여하기를 권유하는 것은 분명 소통 과정 자체의 소중함과 중요성을 인식하고 있으며 이를 가르쳐 주고 싶기 때문일 것이다.

혁신학교 초창기의 열정 넘치는 선생님들처럼 밤늦게까지 학교에 남아 회의를 하자는 것이 아니다. 그래서도 안 된다. 다만 민주적인 소통 과정에 참여하고자 하는 교사 개개인의 자발성과 책무성이 어느 정도 필요하다는 것이다. 무언가 합의된 듯한 교사 분위기, 서로의 교육 활동을 공격하지 않는 교사 분위기, 학교의 교육 활동 취지에 공감하고 함께하고자 하는 교사 분위기는 결코 하루아침에 만들어지는 게 아니다.

실체는 또렷이 보이지 않지만 어찌 됐든 우리가 경험한 학교들은 어디론가 나아가고 있었다. 학교가 이렇게 어딘가로 나아가는 동안 학교 공동체 안에서 일어나는 의견 수렴의 과정은 하나같이 지난하고 피곤하게 느껴지기도 한다. 때로는 명쾌한 결론이 없이 지지부진하게 끝나는 경우도 많다. 그럼에도 결과보다는 과정 속에서 구성원들이 느끼는 가치와 깨달음이 분명히 있고, 우리는 그것의 힘을 믿는다. 그리고 적어도 혁신학교에는 과정의 가치를 믿는, '나와 뜻이 같은 동료가 한 명쯤은 무조건 있지 않을까' 하는 희망과 기대가 우리를 이곳으로 이끌었을지도 모르겠다. 그런데 만약 이런 동료들을 어느 학교에서나 쉽게 만날 수 있다면? 방향을 찾기 위해 끊임없이 노력하고 스스로에게 피드백을 주는 학교들을 집에서 가까운 곳에서도 손쉽게 발견할 수 있다면? '혁신학교'라는 이름표가 사라지고, 어디에서나 '혁신이 있는 학교'를 만날 수 있는 때가 온다면? 우리는 더 이상 혁신학교를 찾아다니지 않아도, 더욱 가벼운 마음으로 집에서 가까운 학교를 선뜻 고를 수 있을지도 모르겠다.


## 우리 학교 교장선생님이 누구예요?

"쌤, 우리 학교 교장선생님이 도대체 누구예요?"

A, B, C, D고를 막론하고 학생들의 단골 질문이다. 요새는 예전처럼 전체 조회를 하는 것도 아니고, 교장선생님 얼굴을 본 적이 없으니 당연히 교장선생님이 궁금할 법도 하다. 그래서 흔히 떠올리는 교장선생님의 비주얼(?)과 이미지를 가진 평교사 선생님들이 종종 학생들로부터 '교장선생님' 후보로 지목되기도 한다. "그렇지만 사실은 말야 얘들아, 너희만 교장선생님 얼굴을 모르는 게 아니야. 나도 교장선생님 얼굴이 흐릿할 때가 있단다." 교사들도 교장선생님의 얼굴이 가끔 떠오르지 않을 만도 한 것이 교장선생님은 최대한 평교사들 눈에 띄지 않아야 '좋은 교장'이라는 평가를 받기도 하지 않던가. A, B, C, D고의 교장선생님들이라면 충분히 그럴 수 있다.

C고의 교장선생님은 내부형(B) 교장공모제를 통해 선정된 지 이제 막 1년이 되었다. 교장선생님은 과거 혁신학교 초창기에 C고에서 근무한 경험이 있다. 여기서, 내부형교장공모제에 대해 간단히 설명을 하자면, 내부형교장공모제는 혁신학교 등 자율학교에서 진행하는 유형으로, 내부형 (A)는 교장 자격증 소지자 대상, 내부형 (B)는 교장 자격증 소지자 및 교장 자격증 미소지자 중 교육 경력이 15년 이상인 교사를 대상

으로 공모를 진행할 수 있다. 이렇게 내부형 (B)는 (A)보다 공모 대상 범위가 더 넓다는 차이가 있다. 사실 A~D고 교장선생님들은 모두 '내부형교장공모제'를 통해 학교에 발령받았다는 공통점이 있다. 네 분의 교장선생님들 중 C고의 교장선생님을 비롯한 세 분은 기존에 해당 학교에서 평교사로 근무하셨던 경험도 공통적으로 가지고 있다. 네 분의 공통점은 이뿐만이 아니다. 학생들과의 관계에서 '흔한' 교장선생님의 모습과 다르다는 점 또한 같다.

A고의 교장선생님은 매일 아침 7시 30분에 교문에서 등굣길 맞이를 한다. 학생들 한 명 한 명에게 눈을 맞추고 "좋은 하루"라는 인사를 건넨다. 매일 아침 따뜻하게 인사해 주는 교장선생님의 얼굴은 모든 학생이 알고 있지만 정작 그분이 교장선생님이라는 사실을 학생들은 모르고 있다. 교장선생님을 가리키며 "저 선생님은 몇 학년 가르치세요?"라고 묻는 학생도 있다. 교장선생님은 또한 낮은 곳에서 학교 구성원들이 어려움을 겪고 있지 않은지 두루 살핀다. "학교에 적응하기 힘들어 하는 학생이 있거나 지도가 어려운 학생이 있으면 저에게 보내 주세요."라고 말씀한다. 실제로 학생들도 교장선생님과의 대화를 좋아한다.

D고의 교장선생님은 '가위바위보 아저씨'로 통한다. 점심시간 비접촉 체온계 옆에서 식당에 입장하는 모든 학생과 가위바위보를 하기 때문이다. 실제로 신입생들은 소탈한 '가위바위보 아저씨'의 정체를 방역 담당 요원 또는 지킴이 선생님으로 추측하고 있다가 1학기말 학생회 행사에서 '교장선생

한 말씀' 장면을 보고 큰 충격을 받았다는 후문이다. D고 교장선생님은 창체 동아리도 하나 맡고 있다. 매년 해당 동아리에는 흔히 '요주의 인물'로 불리는 이들이 약속이나 한 듯 모이곤 한다. 동아리 시간마다 이들이 가사실에 모여 오순도순 요리를 하고 음식을 교무실마다 배달하며 다 마친 후 얌전히 설거지를 하고 있는 모습을 보는 것은 교사들에게 또 다른 문화충격이다. 학교의 '짱'인 교장선생님과 음식을 나누며 친해진 경험은 이 학생들을 학교에 잘 적응하게 한다. 학교에 적어도 내가 마음 터놓고 이야기할 친한 선생님 한 명은 있다는 자부심, 심지어 그 대상이 교장선생님이라는 사실은 학생들의 '어깨 뽕'이 되어 준다. 학교에 반감을 가지거나 앞뒤 재지 않고 뻗대고 싶을 때 한 번은 뒤를 돌아보게 하는 '브레이크'가 되어 준다.

비슷하지만 조금 다른 C고의 경우, 교장선생님을 모르는 학생은 아마 거의 한 명도 없을 것이다. 아침에는 학교 중앙 출입구 앞에서 학생들을 맞이하고, 점심시간에는 직접 급식지도를 한다. 교장선생님은 어떤 학생이 누구랑 밥을 먹는지, 누구랑 친한지까지도 알 정도이다. 근태나 각종 사안들로 인해 학년부 소선도 위원회가 실시된 후 내려지는 징계인 '교내 봉사'가 교장실에서 이루어진 적도 있다. 교장선생님은 대상 학생들을 교장실로 불러 모아 동그랗게 앉히고, 각자의 이름표를 만들어 보게 하여 자기소개를 하는 시간을 가졌다. 학교 화단 정리하기 같은 봉사활동을 진행한 후 소감문을 쓰게 하고, 그 소감문들을 모아 다시 학년부로 보내 주는 교장선생님의 모습을 보며 커다란 문화충격을 느꼈던 기억이 난다.

B고의 교장선생님은 위의 경우들과는 조금 다르다. B고의 학생들은 교장선생님을 잘 모른다. 아침마다 웃으며 손소독제를 건네는 선생님이 교장선생님이라는 것 정도는 알지만 학생 개개인과 친밀한 관계를 맺고 있지는 않다. 그러나 마찬가지로 B고에서도 학생들에게 교장선생님은 절대로 권위적이거나 불편한 존재가 아니다. 학생회와 교장선생님 사이의 간담회가 진행되면 현실적으로 불가능한 부분을 제외하고는 거의 대부분의 내용이 실현된다. 학급회의와 대의원 회의를 거치며 정리된 학생들의 의견이 충분히 합리성을 갖는 것도 실현의 이유겠지만, 학생들의 자치에 최대한 힘을 싣고자 하는 교장선생님의 의지가 분명하기 때문이다. 그래서 B고의 학생들에게 교장선생님은 개인적으로 친한 선생님은 아니지만, 학생들의 의견을 가장 확실하게 대변해 주는 학교에서 '제일 힘센 우리 편'이다.

네 교장선생님의 또 다른 공통점은 교사들과의 관계, 학교 업무를 대하는 태도에서도 나타난다. 10년도 안 되는 짧은 교직 경험이지만, 전까지는 듣지도 보지도 못했던 기행(?)들을 네 교장선생님의 등장과 함께 많이 마주하고 있다. 학교의 전체 예산을 챙겨 주며 틈틈이 현재 전체 예산 현황을 메신저로 보내 주는가 하면, 학년부의 굵직한 행사가 끝날 때마다 격려와 감사의 마음을 듬뿍 담은 메시지를 날리시기도 한다. 학생 얼굴 한 번 제대로 보지 못하고 스승의 날을 맞았던 2020년, D고 교장선생님은 모든 교사에게 교사 개인의 이름으로 된

3행시를 선물했다. 스승의날 아침, 메신저를 켜자마자 만난 짧은 쪽지는 온라인 수업과 방역으로 지친 교사들의 마음을 사르르 녹여 주었다. 학생들이 작은 쪽지나 편지 하나에 그렇게도 기뻐하는 이유를 알겠다는 이야기를 서로 나누며 모두가 아이들처럼 밝게 웃었다. 최근 C고에서는 서울형 혁신학교 재지정을 위한 학부모-교사 설명회를 진행했다. 3학년 담임을 맡아 수시 상담으로 한창 바빴던 지수쌤은 어쩔 수 없이 설명회에 꽤나 늦고 말았다. 설명회가 끝나고, 부장 선생님께 여쭤보았다.

"선생님, 오늘 설명회에서는 무슨 이야기가 오갔나요?"

부장 선생님의 대답이 돌아왔다.

"우리 학교에 대한 교장선생님의 비전 발표가 있었어요!"

지수쌤은 교장선생님의 비전이 무엇인지 다시 물었고 부장 선생님은 다시 대답하셨다.

"우리 학교의 비전은 '여러분'이래요."

여기서 '여러분'은 학생들과 학교를 위해 힘쓰는 C고 교육 가족들을 뜻했다. 설명회가 끝나고 오후 6시가 넘은 시각에 교장선생님은 지수쌤이 있는 부서를 찾아왔다. 지수쌤은 교장선생님께 수고하셨다는 말과 함께 이 말을 전했다.

"저의 비전은 바로 '교장선생님'이에요. 우리 같이 힘내요!"

A~D고의 교장선생님은 학생들뿐만 아니라 교사들과도 수평적인 관계를 맺기 위해 노력한다. 그리고 이러한 교장선생님들의 성향은 교감 선생님에게도 영향을 미친다. 담임과 부담임이 세트이듯, 교장과 교감 선생님은 관리자로서 세트이

다. 교장선생님의 탈권위적이고 평등한 접근 방식은 교감 선생님마저도 신유형(?)으로 만들곤 한다. 교사라면 한 번쯤 우스갯소리로 '보강은 관리자께서 들어가 주셨으면 좋겠다'는 이야기를 해 본 적이 있을 것이다. 우리들이 근무하는 학교에서는 이 우스갯소리가 현실이 되곤 한다. 모든 교사를 알맞게 배치했지만 모종의 이유로 모의고사 시간에 결원이 생겼을 때, 교장선생님이 대신 그 자리에 들어간다. 육아 시간으로 늦은 출근을 하는 담임교사의 반에서는 교감 선생님이 일주일에 한 번씩 담임교사로 변신한다. 의사결정 과정이 흘러가는 흐름은 아주 자연스럽다. "선생님들은 이미 할 일이 꽉 차 있는 걸. 우리가 할게요." 이 한마디로 상황 종료다. 이는 결코 다수의 평교사가 소수의 관리자를 압박하거나 강요해서 이뤄지는 것이 아니다.

네 분의 교장선생님은 학교에서 중요한 의사결정이 필요할 경우 독단적 결정을 지양하고 모두의 의견을 반영하기 위해 노력한다. 이 과정에서 많은 시간이 걸리기 때문에 불만을 호소하는 목소리도 있지만 민주적인 학교문화 형성에 기여하는 부분이 상당히 크다. 네 분 선생님들은 부임 첫해부터 교장실의 문턱을 낮추기 위해 노력했다. 덕분에 교사들은 힘든 일이 있거나 의논할 일이 있을 때 스스럼없이 교장실로 향하고, 학생들도 마치 담임선생님 대하듯 "선생님, 같이 매점 가요!"를 외친다. 연휴를 앞두고 교무실에 들러 모든 교사들의 얼굴을 보고 인사를 먼저 건네기도 하고, 교사 개개인과도 스스럼없이 소통을 하는 교장, 교감 선생님들을 만나면서 관리자에 대한 편견도 많이 사라졌다. 예전에는 관리자와의 대화는 가급적이면 피하는 방향으로 행동했는데, 요새는 교장선생님과 대화를 하면서 불편하다는 생각을 해 본 적은 거의 없다. 신유형의 교장선생님과 함께 학교생활을 하면서 '관리자의 좋은 리더십'을 새롭게 정의할 필요성을 느꼈다.

교장선생님과 거리낌 없이, 완전히 수평적이진 않더라도 수평에 가까운 관계를 유지할 수 있다는 것은, 늘 지시하고 명령하고 반려하는 관리자가 아니라 교사 개개인에게 힘이 되는 관리자가 곁에 있다는 신뢰와 믿음을 주기에 여러 방면에서 교사에게 자신감을 불어넣어 준다. 교장선생님 한 사람의 가치관과 행동이 학교의 정체성 형성에 크게 기여하고 있다는 점도 중요하다. '자리가 사람을 만든다.'는 말이 있듯이, 분명 지금의 교장선생님은 '교장'이기에 평교사 시절과는 조금 다른 마인드와 자세를 가지게 되었는지 모른다. 그러나 오랜 교육 경력을 통해 쌓은 빛나는 리더십과 학교 현장에 대한 깊은 이해를 가진 선생님들이 학교 구성원들의 동의와 합의를 거쳐 관리자의 역할을 맡을 수 있다는 것 자체가 우리에게는 너무나도 소중하다.

현재 내부형교장공모제는 특정 교원 단체 출신 교사의 출세를 위한 제도, 코드 인사라는 이유로 비판의 목소리를 받고 있기도 하다. 그런데 교장공모 과정은 '코드 인사'로 불리기에는 구성원들의 동의를 얻기 위한 절차가 매우 복잡하다. 교장공모 과정 담당자들의 업무가 매우 많고 기한이 촉박하기 때문에 학교에서 강력한 의지를 가지고 추진하지 않으면 진행하기가 어렵다. 내부형교장공모제의 본질은 교장 자격증은 없지만 훌륭한 '평교사'에게도 관리자의 길이 열릴 수 있다는 점이다. 그리고 학교가 필요로 하는, 개별 학교가 가진 가치관에 맞는 교육 활동을 지원할 수 있는 관리자를 학교에 모실 수 있다는 점이다. 학교가 추구하는 가치관과 철학이 있다면, 이를 함께할 수 있는 경영인이자 어른인 관리자가 반드시 필요하다. 혁신학교들이 내부형교장공모를 시도하는 이유는 바로 이 때문이다. 우리가 긴 토론과 소통을 통해 만들어 가고 있는 가치를 함께 소중히 다뤄 줄 사람을 원하게 되는 것이다. 중등에서는 혁신학교에서나 겨우 찾아볼 수 있는 평교사 출신 관리자를 이제 더욱 많은 학교에서 만날 수 있으면 좋겠다.

# '혁신'이라는 단어에 얽매이지 않도록

## 별것 아니면서도 별것인 혁신

처음 A고에 발령받았을 때 혁신학교가 무엇인지 몰랐음에도 '혁신'이라는 단어가 주는 막연한 중압감이 있었다. '혁신'의 사전적 의미는 '묵은 풍속, 관습, 조직, 방법 따위를 완전히 바꾸어 새롭게 함'이다. 발령 당시 우리가 느낀 중압감은 기존의 관성을 이겨 내고 끊임없이 새로운 변화를 시도해야 한다는 부담감 때문이었다. 기존의 틀을 벗어나 새로운 가치를 창출하는 과정에는 변화를 위한 노력이 필요한데, 이는 결코 쉽지 않다. "나비도 평생 딱 한 번 탈피를 한다는데, 심지어 숨도 안 쉬고 먹지도 않는 고통의 과정을 거친다던데, 사람이 매번 틀을 깨고 변신하는 것이 가당키나 할까?" 지레 겁이 났다.

혁신학교는 교사의 자발성을 토대로 움직이므로 '혁신' 또한 교사의 자발적이고 적극적인 참여를 전제로 이루어진다. 이러한 이유로 혁신학교가 일반 학교에 비해 힘들다는 인식이 널리 퍼져 있다. 그러나 우리가 혁신학교 네 곳에 몸담아 다양한 교육 활동을 직접 경험하며 얻은 가장 큰 깨달음은 '혁신'이라는 것이 생각만큼 거창하거나 어려운 것이 아니라는 점이었다.

대부분의 인문계 고등학교에는 교과 수업에서 다루기 어려운 확장되고 심화적인 내용을 학습하도록 하는 특강 프로그램이 있다. 이 일환으로 A고에는 교과 수업을 통해 얻은 학습 경험을 확장해 사회적 실천으로 심화·발전시키는 활동인 '아카데미'가 있다. 1, 2학년 재학생을 대상으로 참여자를 모집한 후 학생 중심의 아카데미 기획단을 조직하여 전문가 초청 강좌를 듣고 분과별 토론회를 진행하는 방식으로 운영된다. 2011년부터 이어진 이 활동은 시기와 주제에 따라 여러 차례 운영 방식의 변화를 겪어 왔고, 2020년에도 또 한 번의 시도가 있었다. A고의 학교 혁신 TF 회의 중, 주로 외부 전문가의 강연으로 채워지던 아카데미 활동에 변화를 주어 내부 전문가인 교사 강연을 진행하면 어떻겠냐는 의견이 나왔다. 학생들과의 지속적 소통이 가능하다는 내부자로서의 장점을 활용해 강연 이후 분과별 토론으로까지 확장해 보자는 아이디어였다. 수업 외에 또 다른 대중 강연을 준비해야 한다는 부담감이 떠오르기도 전에 '이거 의미 있겠다!'는 기쁨이 먼저 스쳤다. '평화'라는 대주제를 중심으로 국어 교사, 과학 교사, 역사 교사, 체육 교사, 미술 교사, 특수 교사 등 총 9명의 교사가 강연을 준비하기로 했다. 학교 혁신 TF에 속해 있는 교사 중 교내 아카데미 실무를 맡아 진행하는 혁신부 교사 3인을 제외한 거의 대부분의 교사가 강연자로 교내 아카데미에 동참하기로 한 것이다. 회의를 통해서 소주제를 정하고 강연 내용을 함께 고민했다. 회의 결과 아카데미를 총 3차 활동으로 구성했다.

1, 2차에서는 내부 강사인 교사들의 강연을 들은 후 분과별 토론을 진행하고, 이후 3차에서는 학생들이 모든 내용을 아우

르며 사회 참여 활동을 기획해 실행하는 방식이었다.

〈2020년 A고 '아카데미' 활동 내용〉

| 차시 | 소주제 | 내용 | 이후 활동 |
|---|---|---|---|
| 1차 강연: '코로나19와 일상 속 평화' | '코로나, 넌 누구냐?' (과학 교사) | 코로나19에 대한 생물학적 접근과 다원주의 사회를 위협하는 코로나19의 특징 | 1) 소주제별 분과별 토론회 실시 (학생 선택으로 분과 나눔) |
| | '코로나에 대처하는 우리들의 자세' (국어 교사) | 코로나 사태 속에서 만연한 혐오와 차별에 대한 성찰, 잘못된 행동에 대한 비판과 존재와 정체성에 대한 비난 구별하기 | 2) 개인 프로젝트 과제를 수행: 전공 적합성을 살린 진로 보고서 작성, 문학작품(에세이, 콩트, 시 등) 제작, 예술 작품(음악, 포스터, 영상 등) 제작 등 원하는 유형의 과제를 선택하여 수행 |
| | '우리가 되지 못한 자들' (특수 교사) | 국가적 재난 속에서도 여전히 차별받고 있는 장애인과 학교 속 나의 삶에도 숨어 있던 일상 속 차별 | |
| 2차 강연 : '국제 사회와 평화' | '전쟁은 어떻게 일어나는가?' (역사 교사) | 전쟁의 역사로 알아보는 평화 | |
| | '스포츠가 국제사회 평화에 미치는 순기능과 역기능' (체육 교사) | 스포츠와 전쟁, 스포츠와 마케팅, 스포츠와 정치 등 스포츠와 얽혀 있는 흥미진진한 국제사회의 평화 이야기 | |
| | '세상을 바꾸는 공정무역' (미술 교사) | 공정무역 및 윤리적 소비로 알아보는 일상 속 평화 실천 | |
| 3차 활동: 사회적 실천 활동 '우리가 말하는 평화' | 1) 학생이 직접 연설자가 되어 청중들 앞에서 연설하는 활동 -학생들은 본인 선택에 따라 연설자 혹은 청중으로 참여 2) '우리가 함께 만드는 평화의 벽' 활동 -학교 빈 벽면에 평화와 관련된 명언, 포스터 등을 붙이는 공동 작업 | | |

이렇게 진행된 아카데미 행사는 교사와 학생 모두 성장하는 기회가 되었다. 강연을 준비하는 과정에서 교사들은 마치 대학교 때 팀 프로젝트를 하던 시절로 돌아간 것 같은 향수를 느꼈다. 그때와 다른 점은 최상의 팀원들과 함께한다는 점이었다. 무임승차하는 팀원 없이 모두 공동의 목표를 향해 환상의 호흡으로 달리는 팀 프로젝트는 대학 때와는 비교할 수 없을 만큼 재미있는 시간이었다. 아카데미 행사를 모두 마치고 A고 교사들은 문득 이런 생각을 했다.

'어쩌면 혁신은 이런 것 아닐까?'

'혁신'이라는 단어가 주는 막연한 중압감에 두려워했던 때가 있었다. 막상 현장에서 마주한 혁신은 생각보다 별게 아니었다. 교육 프로그램을 기획하고 운영하는 것은 교사들이 교육적 소신과 철학을 가지고 수다를 떠는 즐거운 작업이었다. 막연했던 중압감은 사라지고 함께하는 즐거움과 뿌듯함이 그 자리를 대신했다. 새로운 교육 활동이란 것도 그냥 선생님들끼리 '커타(커피 타임)'를 가지며 나눈 이야기로 시작됐다. 각자 수업을 준비하듯 몫을 나눠 조금씩 했다. 할 수 있는 만큼의 작은 기여였지만 함께하니 '별것'이 되었다. 시너지가 났다. 우리끼리 재미있었던 경험을 나누었더니 '무용담'이 되었다. 다른 사람들이 대단하다고 여겼다. 우리는 대단히 힘들거나 희생하지 않았는데도 말이다.

정정해야 할 것 같다. 혁신은 별것 아니면서도 동시에 별것이다. 먼저 '별것 아니'란 말은 우리가 혁신교육이라는 단어에서 떠올리는 만큼 대단히 품이 들거나 어렵거나 힘들지 않다는 뜻이다. 대학교 시절 동아리 활동을 하듯 같이 모여 다니니 재미있어지고, 그러다 보니 뭔가 의미 있는 것들을 하게 되더라는 뜻이다. 그럼에도 혁신이 '별것'이 맞다는 말은 대단한 희생이나 거창한 의미 부여 없이 했던 교육 활동도 해 놓고 나니 대단하더라는 뜻이다. 교사와 학생이 대단하게 성장하더라는 뜻이다.

곤충학 연구에 따르면, 탈피는 폐가 찢어지는 고통과 맞먹는 고통이 따른다고 한다. 인간으로 비유한다면 말이다. 그렇다면 곤충은 왜 그토록 번거롭고 고통스러운 탈피를 하는 것일까? 정답은 간단하다. 바로 성장을 위해서다. 오랜 시간 단단히 쌓아 온 골격 안에서 살아간다는 것은 평온하고 안전할지 모른다. 그러나 두텁게 쌓아 올린 딱딱한 몸집으로는 변해 가는 상황에 따라 기민하게 움직일 수 없다. 교사와 교육도 마찬가지일 것이다. 끊임없이 변하는 세상의 흐름에 파도를 타듯 몸을 맡기는 유연함과 기민함이 필요하다. '하던 대로'라는 관성, '해 봐서 알아'라는 방어적 태도는 교사의 단단한 외피가 된다. 외피는 단단하기에 역설적으로 성장을 가로막는다. 그러니 교사라면 두텁고 안전한 외피를 벗고 보드라운 속살을 드러내는 위험 속에 한 번쯤 자신을 던져 보아야 하지 않을까? 성장은 그 과정 속에 있기 때문이다.

그러니까 혁신은 '별것 아니면서도 별것'이 맞다. 기존의 틀에서 반 발자국 내딛어 보는 것, 관심 없던 어떤 것에 한 번 빼꼼히 관심을 가져 보는 것, 이 아무것도 아닌 시도를 기점으로 우리는 분명 이전과는 다른 자신이 된다. 이 '별것 아닌' 시도와 성장을 최대한 많은 이들과 나누고 싶다. '우리' 함께해 보자고 손을 내밀어 보고 싶다.

## 개별 활동 말고 총체적 이식

매년 가을, 서울의 14군데 혁신 고등학교가 모여 한 해 동안 의 학교살이를 나눈다. 새로운 자극을 주고받는 시간인 '혁신 한마당'이 그것이다. 이 자리에 참석하기 위해 대부분의 학교 들은 수업을 조정하고 버스를 대절해 전 교직원과 함께 참여 한다. 700명이 넘게 참여하는 이 잔치에는 다양한 주제의 세 션이 꾸려진다. 학교 구조 혁신에 집중한 학교, 수업과 생활 지도에서 새로운 도전을 한 학교 등 모든 학교에서 2~3개 정 도의 세션 발표를 맡아 교육 활동 사례를 나누고 토론을 한 다. 각 학교 학생회 임원들이 모여 자치 활동의 기쁨과 슬픔 을 나누거나 학부모회와 학교가 어떻게 긴밀하게 소통하고 있 는지 발표하는 세션도 있다. 학교교육을 꾸려 나가는 3주체인 학생, 교직원, 보호자가 함께 모여 미래를 그려 나가는 자리인 셈이다. 우리가 애써 만들어 온 교육 활동을 나눈다는 것은 성 취와 보람만이 아니라 힘들었던 점과 성찰의 지점까지도 가감 없이 열어 보여 준다는 뜻이다. 그 과정에서 서로의 노력을 칭 찬하고 다음을 위한 제안을 하며, 무엇보다 서로가 서로에게 보내는 응원으로 흠뻑 젖어든다.

혁신 고등학교들만의 '부흥회' 또는 '엑스포'였던 혁신 한마당은 해를 더해 갈수록 다양한 '외부인'들의 자발적 참여가 늘어나고 있다. 일반 공립학교의 수업 연구회에서 수업 혁신 사례를 들으러 오거나, 이름만 들어도 유명한 자율형 사립고가 참석하기도 한다. 나눔은 범위가 넓을수록 좋은 것이기에, 혁신 고등학교들이 해 오고 있는 교육적 시도를 의미 있는 것으로 여기면서 배울 점을 찾기 위해 찾는 손님들은 언제나 환영이다. 실제로 혁신 고등학교가 지난 10여 년간 만들어 소개했던 다양한 활동들은 이제 많은 일반 고등학교에서도 찾아볼 수 있게 되었다. 의미 있는 교육 활동이 혁신학교라는 터전을 떠나 새로운 곳에서 이어지는 것이야말로 '우리'의 확장이기에, 배움과 나눔을 위해 찾아오는 교육 동료들은 그 누구보다도 반가운 존재다.

아쉬움은 남아 있다. 예쁘고 보기 좋다고 열대지방에서 모종삽으로 홀로 퍼다 옮겨 심은 꽃이 우리나라의 이질적인 토양에서 단단히 뿌리내릴 수는 없는 법이다. 교육 활동 하나만 묘목처럼 옮기는 것이 아니라, 그걸 가능하게 한 혁신 고등학교의 구조와 철학, 문화라는 토양까지 굴삭기로 크게 떠다 옮겨야만 그 활동이 스스로 환경에 적응하고 발전하며 아름드리 느티나무로 자랄 수 있다. 혁신학교가 가져온 철학과 고민은 그대로 둔 채 행사의 틀만을 참조해서는 성공적인 전파가 어렵다는 뜻이다. 오히려 반대가 더 적절하지 않을까? 혁신학교를 가능하게 한 문화와 제도를 한 삽 떠서 기존 토양에 더한다면 함께 옮겨 온 미생물들이 절로 작용하며 기존의 구조에 다양한 도전과 변화를 불러올 것이다. 어느 곳에서도 본 적 없는 새로움, 진짜 혁신이 움틀지도 모를 일이다. 결국 '우리'의 확장이란 개별 활동이 아닌 총체적인 문화의 이식으로 가능한 것이다.

## 혁신교육이 아니라 그냥 '교육'

서울형 혁신학교의 개념은 '학생·교원·학부모·지역사회가 서로 소통하고 참여하며 협력하는 교육문화 공동체로서, 배움과 돌봄의 책임교육을 실현하고 전인교육을 추구하는 학교'이다. 서울형 혁신학교가 추구하는 학교 상은 참여와 협력의 교육공동체를 중심으로 학교 운영 혁신, 교육과정 및 수업 혁신, 공동체 문화 활성화의 3가지 큰 틀로 이루어져 있다. 이를 바탕으로 A고를 포함한 서울형 혁신학교들이 지난 10년간 보여 준 성과는 다음과 같다.

첫째, 학교 운영의 혁신을 위해 학생자치 확대와 내실화로 '교복 입은 시민' 학생 상을 정립하였으며, 학부모의 학교 참여를 확대하고, 학교와 지역사회 거버넌스를 구축하였다. 둘째, 공동체 문화 활성화를 위해 교육 3주체의 자치 역량을 강화하고, 토론이 있는 교직원 회의 문화를 확산하였으며, 학교 업무 재구조화로 교육 활동 중심 학교 시스템 전환을 선도하고, 학교 자율 운영 체제를 확대하였다. 셋째, 교육과정 및 수업·평가 혁신을 위해 공동 연구·공동 실천의 교원 학습공동체를 활성화하고, 교육과정 재구성 및 학생 중심 수업·평가 혁신을 확산하였으며, 주제 중심 융합수업의 다양한 시도 및 확산을 하였고, 배움과 성장을 지원하는 과정중심평가를 일반화시켰다.

혁신학교의 개념이나 교육목표가 고원하게 느껴질 수도 있지만 자세히 들여다보면 시대의 흐름에 맞는 일반적인 교육목표와 크게 다르지 않다는 것을 알 수 있다. 2022~2026 서울교육 방향은 다양성이 꽃피는 공존의 혁신미래교육이다. 교육지표는 생각이 자라나는 교실, 함께 성장하는 학교, 미래를 여는 교육이다. 정책 방향을 살펴보면 더 질 높은 학교교육, 더 평등한 출발, 더 세계적인 미래교육, 더 따뜻한 공존교육, 더 건강한 안심교육이다. 앞서 살펴보았던 서울형 혁신학교의 개념과 크게 다르지 않다.

현대사회에서 서로의 다양성을 인정하고 존중하며, 협력하고 배려하는 것은 민주시민으로서 지녀야 하는 가장 중요한 덕목이다. '더불어 함께'할 수 있는 민주시민을 사회가 원하고 있다. 세계시민의 가치를 이해하고 실천하는 방향으로 세상의 눈높이와 방향이 바뀌고 있다. 자율과 책임, 토론과 협의의 과정을 중시하는 학교가 필요하다. 민주시민을 양성하는 것에 큰 가치를 두고 다양성을 존중하고, 인권과 평화, 환경과 지속가능성에 관심을 가지고 교육을 내실 있게 진행해야 할 필요가 있다. 급변하는 시대의 흐름 속에서 교육의 혁신은 비단 혁신학교만의 과제는 아닐 것이다. 결국 '혁신교육'의 목표라고 하는 것이 우리의 교육기본법이 말하는 교육의 목표와 얼마나 다른 것인지 잘 모르겠다. 다시 말하면 '혁신교육'이라는 거창하고 무거운 말, 괜히 부담스러워지는 말이 없이도 혁신의 가치는 공유될 수 있다.

어쩌면 혁신학교의 가장 궁극적인 목표 달성은 혁신학교가 모두 사라지는 데 있을 테다. 입시에 매몰된 교실, 돌봄을 잃은 학교를 회복하고자 도입된 혁신학교는 '비정상의 정상화'를 목표로 달려 왔다. 혁신학교의 모습이 더 이상 특별한 것이 아닐 때, 우리의 길지 않은 교직 생활을 보람차게 채워 준 모습을 어느 학교에서든 볼 수 있을 때, 그래서 우리가 다음 학교로 '혁신학교'를 찾아 떠나지 않아도 될 때 그 목표는 달성될 것이다. 우리는 진심으로 탈혁신학교를 꿈꾼다. 혁신교육이라는 말의 무게를 내려놓고 그저 교육의 목표만을 바라본다면 우리가 꿈꾸는 미래는 더 빨리 찾아올 것이다.

# 혁신학교는 계속되어야 할까

## 혁신학교가 사라져야 역설적으로 혁신이 가능하다는 말

상대적으로 파스텔 톤을 띠는 듯 보이는 일반 학교들의 지향과는 달리 혁신학교는 원색에 가까운 선명함을 지닌 학교로 평가된다. 사람들이 생각하는 혁신학교의 선명함에는 '정치적 색채'도 포함되어 있다. 실제로 혁신학교의 시작에서 전국교직원노동조합(전교조)의 주도성은 부인할 수 없다. 그러나 혁신학교를 전교조 학교라고 정리해 버리는 것은 혁신학교를 키워 온 역동성과 다양성을 모두 지워 버리는 일이다. 실제로 초기 혁신학교 모형이 시작된 경기도에서는 기독교계 교사 단체인 '좋은교사운동'을 비롯한 다양한 교육개혁 단체들이 혁신학교의 태동부터 힘을 보탰다. 전교조는 정치적 단체라는 꼬리표부터가 매우 불합리하긴 하지만, 전교조를 제외하더라도 다양한 욕구와 기대를 가진 교사들이 개인과 단체의 형태로 혁신학교에 결합해 왔다는 뜻이다. 우리가 혁신학교에서 만난 교사들도 나이와 배경, 교육관과 실천에 있어 다채로웠다.

일부 혁신학교에는 BHC클럽(반혁신클럽)이라는 우스갯소리가 있다. 학교가 공유하는 철학이나 교육의 목표가 없다면 이를 두고 의견이 달라질 리 없지만, 교육과 돌봄이라는 두 기둥 아래에 개별 학교의 교육관을 정립하려는 혁신학교에서는 당연히 각자의 철학에 대한 토론과 대화가 오간다. 이 과정에서 '난 혁신 싫어'라는 의견 또한 존재하고, 이들이 바로 BHC 클럽이라는 것이다. 어떤 사람들은 이들의 존재를 이유로 혁신학교가 협동보다는 오히려 반목을 야기하고 있다고 주장한다. 그러나 의견의 다양성과 이로 인해 일어나는 부딪힘은 성장과 발전을 위해 격려되어야 할 대상이지 지레 겁먹고 피해야 할 명분이 아니다. 여기에서 중요한 점은 토론과 설득, 합의의 과정이 교조적으로 흘러서는 안 된다는 것이다.

몇 해 전, 혁신학교들에게는 잊을 수 없는 한 가지 사건이 있었다. 한 혁신 고등학교의 교육 활동에 대해 제기된 '정치 편향적'이라는 비난이 학생들과 교육 활동의 안전마저 위협했던 사건이다. 학교 안에서 시작된 문제 제기가 공동체 내부의 토론 과정을 거치기도 전에 편 나누기 좋아하는 언론과 정치권에 의해 '씹고 뜯고 맛보고 즐겨진', 말 그대로 이용된 사건이었다. 결론적으로 학교를 구해 낸 것은 학생회가 주도한 공개 토론회, 학생들의 민주적인 합의였다. 학생총회를 통해 가결된 입장문에 따르면 학교 문제에 대한 외부 단체의 개입을 중단하도록 요청했을 뿐만 아니라 학생 간 이견에 대한 감정적 대립을 자제하자는 자체적 약속, 학생자치의 노력으로 교내 문제를 해결해 나가겠다는 다짐까지 담겨 있었다. 이 사건은 혁신학교의 현재를 진단하고 미래를 그려 가는 데 많은 시사점을 주었다. 긴 이념 다툼과 독재의 시기를 거치며, 진보교육은 '금지된 것을 가르치는 일', '옳은 것을 가르치는 일'을 도맡아 왔다. 완벽하지는 않아도, '비정상의 정상화'가 어느 정도 전개된 지금, 우리 교육에서 중시할 것은 정답이 아닌 다양한 관점을 균형감 있게 다루는 일에 가까워지고 있다. 수업에서 토론을 허용하고, 의견 자체를 강조하기보다 논리적인 근거와 자신의 의견을 연결시켜 주장을 구성하는 논리력을 갖추게 해야 한다. 이 논의를 혁신학교 자체로 확장해도 마찬가지다. 혁신학교가 언제나 정답은 아니다. 혁신학교만이 옳은 길이라는 교조적인 생각은 위험하다. 우리는 양적 팽창보다 내부의 결속에 더 많은 힘을 쏟아야 한다. 우리 안의 균형감과 유연함을 유지하며 교육의 방향성을 끊임없이 정립해야 한다. 혁신교육이란 흔들리며 피는 꽃이기 때문이다.

누군가는 이야기한다. 혁신학교라는 이름 안에 갇힐 것이 아니라, 어디든 이러한 가치를 갖고 교육을 만들어 갈 수 있도록 발전적 해체를 해야 할 때가 아니냐고. 12년 차를 넘어가는 혁신학교는 여전히 매년 새롭게 시작한다. 해가 바뀌면 학생이 바뀌고 교직원이 바뀌는 공립학교에서는 매년 철학을 쌓아 간다. 앞서 말했듯 혁신교육이란 정해진 상이 아니라, 사람들 사이의 역동에 따라 매번 다르게 적혀 가는 작업이다. 그렇기 때문에 여전히 우리에게는 새로운 상상을 하고 함께 도전해 나갈 테스트 베드로서의 혁신학교, 안전함과 평등함을 전제로 함께 공동체를 경험해 나갈 혁신학교가 여전히 필요하다. 혁신학교를 경험한 학생과 교사와 보호자는 분명 그전과는 다른 학교를 꿈꾸게 된다. 이들이 경험한 새로움이 다른 곳에서 꽃을 피울 수 있도록, 혁신학교는 계속 이 자리에서 도전과 전파의 역할을 해 나가면 좋겠다.

# 행복하게 정년까지

5

우리 네 사람은 7년 차, 8년 차, 9년 차 교사가 되어 이제는 세 번째 학교를 고민하는 시기를 맞이했다. 우리 중 둘은 이미 '부장' 교사라는 몫을 담당하고 있고, 나머지 둘에게도 머지 않은 미래임을 직감하는 중이다. 이제는 정말로 신규 교사 시기의 마지막을 지나고 있는 기분이다. 이제는 더 이상 "처음이라 잘 몰라서요, 데헷."이라며 웃고 퉁 치기에는 염치가 없고, 앞뒤 사정 재지 않고 "제가 해 보겠습니다!" 하고 손을 들기에는 아직 역량이 부족한 '애매한 연차'가 되었다. 그렇지만 여전히 우리에게는 정년까지 약 30년의 교직 인생이 남아 있다. 코로나가 시작되고 학교 안에서 자신의 역할을 고민하는 선생님들을 많이 만났다. 갑작스레 시작된 원격수업에서 자신이 수십 년간 쌓아 온 수업 노하우를 발휘하지 못하는 당혹감, 새롭게 만들어야 하는 학생과의 온라인 유대관계에 대한 낯섦에 괴로워하셨다. 어린 시절부터 인터넷과 모바일기기를 벗 삼아 온 우리에게도 별천지와 같았던 지난 2년이 선배 교사들에겐 얼마나 더 막막한 시간이었을지 이해할 수 있다. 교사가 퇴직을 가장 크게 고민하는 때는 언제일까. 팬데믹을 보내며 학교에서 효능감을 발휘할 수 없는 순간 교사는 가장 큰 타격을 입겠다 싶었다. 끊임없는 성찰과 공부로 자신을 다져 온 교사도 갑작스러운 변화에 휘청거리게 된다. 행복하게 교사로서 정년을 맞이한다는 건 도대체 얼마나 힘든 일일까. 신규 교사의 설렘은 무뎌지고, 학교에 대해 아직 다 알지도 그렇다고 아무것도 모르지도 않는 시기 앞에서 고민이 많아진다. 우리는 어떤 마음가짐으로 앞으로의 학교생활을 만들어 가야 할까?

# 내년은 올해보다 더 나아질 거라 믿으며

### 시경쌤의 이야기

어느덧 교직 8년 차다. A고를 떠나 B고에 온 지도 3년이 지났다. 어쩌다 보니 학년 부장의 직책도 맡고 있다. A고를 떠난 지 3년이 지났지만 힘들고 지칠 때면 A고가 떠오른다. 그리고 A고에서 함께했던 선생님들이 떠오른다. 어느 정도 추억 보정이 있긴 하겠지만 그 시절을 떠올리면 그래도 학교는 더 좋아질 수 있다는 믿음이 샘솟는다. 다시 힘내서 부딪쳐 볼 용기가 생긴다.

올해 처음 학년 부장을 맡으며 A고에서 함께했던 부장 선생님들이 많이 떠올랐다. 그때 그 선생님들 어떻게 그렇게 하실 수 있었을까 매일매일 존경심이 샘솟는다. 내가 만난 부장 선생님들은 존재 자체로 의지가 되고, 힘든 일이 있으면 위로가 되어 주는 분들이었다. 늘 새롭게 무언가를 도전하고 싶은 마음이 들도록 만들어 주는 분들이었다. 부서의 일, 학교의 일은 함께하는 것이라고 말했고 정말로 함께한다는 느낌이 들게 해 주었다. 지금의 나는 부장으로서 낙제점인 것 같다. 그렇지만 첫해부터 좋은 부장 교사가 된다는 건 불가능하니까 괜찮다. 그저 문제가 생길 때마다 A고에서 만났던 부장 선생님들이었다면 어떻게 했을까를 떠올리며 조금씩 나아지고 있다. 아니, 나아진다고 믿고 있다. 언젠가 부서 선생님들이 나에게 "선생님, 이거 해 봐요, 저거 해 봐요."라고 말할 수 있길, 그러면 나도 "너무 좋은 생각이에요. 함께 재밌게 만들어 봐요."
라고 말할 수 있길 바란다. 부서 선생님들이 그런 마음을 가질
수 있게 만드는 부장 교사가 되길 바란다.

　이상하게도 아니, 다들 비슷하겠지만 해가 지날수록 수업
과 담임에 대한 자신감이 점점 줄어든다. 경력이 쌓일수록 전
문가가 된다는 느낌보다 경력이 쌓일수록 뒷방 늙은이에 가까
워지는 기분이다. 하지만 나는 늘 올해보다 내년에, 내년보다
내후년에 더 잘할 것이라고 스스로 다짐하듯 주문을 건다. A
고에는 나이가 많아도 학생들을 존중하고 학생들과 스스럼없
이 소통하는 선배 선생님들이 계셨고, 경력과 상관없이 멋진
수업을 하는 동료 선생님들이 계셨다. 그런 선생님들과 함께
했기에 나는 교사에게 나이는 중요한 것이 아니라는 걸 믿을
수 있게 되었다. 나이를 핑계로 학생들에게 멀어지지 않을 것
이다.

　나는 '국어쌤', '담임쌤'이라는 말보다 '시경쌤'이라는 말이
훨씬 좋다. '국어쌤'이라는 말이나 '담임쌤'이라는 말은 이상
하게 거리감이 느껴진다. 학생들이 나를 이름으로 불러 주길,
내가 이름으로 불릴 만큼 학생들과 친밀하길 바란다. 내가 굳
이 '시경쌤'이라고 불러 달라고 하지 않아도 학생들이 스스로
편하게 나를 이름으로 불러 줬으면 좋겠다. 이미 아저씨지만
나는 더 늙은 아저씨 선생님이 되더라도, 할아버지 선생님이
되더라도 늘 편하게 이야기할 수 있는 깨발랄한 '시경쌤'이 되
고 싶다. 그럴 수 있도록 노력할 것이다.

　물론 나를 갈아 넣으면서까지 학교와 학생들에게 헌신하지

는 않을 것이다. 그렇다고 수업에 대한 노력을 멈추지도, 학교
와 학생들에 대한 희망을 포기하지도 않을 것이다. 그저 더 오
래 더 행복하게 더 좋은 교사가 되기 위해 노력할 것이다. 한
때는 학생들을 휘어잡을 카리스마가 부족한 나에게 교사라는
직업은 어울리지 않는다고 생각했다. 또 한때는 까불거리고
쾌활한 내 성격이 교사라는 직업과 너무 잘 어울린다고 생각
하기도 했다. 이제는 교사로서 살아가는 데 도움이 되는 나의
장점이 무엇인지 안다. 내가 가진 나만의 장점을 살리며 힘을
조금 덜 들이고 더 잘하는 것. 그게 좋은 교사가 되기 위한 나
의 노력이다.

다음 학교도 혁신학교를 찾아갈지는 아직 잘 모르겠다. 또
다른 혁신학교를 경험해 보고 싶지만 쉬운 길로 도망하는 건
아닐까 하는 생각도 든다. 재미있게도 나한테는 혁신학교에
가는 것이 쉬운 길이다. 어쨌든 나는 혁신학교가 여기서 사라
져 버리지 않길 바란다. 학교의 혁신이 반드시 혁신학교라는
공간에서만 이뤄질 수 있는 것은 아니지만, 변화를 주춤하게
만드는 수많은 목소리들을 견디려면 서로 응원하고 힘을 합칠
수 있는 곳이 필요한 것도 사실이다. 어떤 것이 정답인지는 잘
모르겠다. 그저 모두가 더 좋은 교육을, 학교를 포기하지 않았
으면 좋겠다.

# 기복 없이 단단한 교사가 되기를 꿈꾸며

## 지수쌤의 이야기

처음 혁신학교에 대한 책을 같이 써 보자는 연락을 받았을 때, 내가 이런 책을 쓸 자격이나 있는지 고민이 많았다. 내가 그동안 쭉 지켜봐 왔던 나머지 세 선생님은 엄청난 '능력자' 다. 학생 생활지도에서도, 수업에서도, 학생자치에서도, 어느 자리에서도 선생님들의 능력은 늘 반짝반짝 빛났다. 두 번째 학교에서도 선생님들은 각자 자신의 위치에서 역량을 마음껏 발휘하고 계신다. 두 분의 선생님은 이미 부장 교사를 맡고 있을 정도니 말 다했다. 깊은 고민 끝에 책을 써 보기로 결심하고, 한 문장 한 문장 글을 이어 나가는 동안에도 이따금씩 자괴감이 한 바가지씩 밀려왔다. 나 요새 정말 '대충' 살고 있는데, 이런 아름다운 글을 써도 될까? 책을 쓰는 동안, 어쩌면 회피하고 싶었던 나태한 요즘의 내 모습을 수시로 직면했다.

글을 쓰면서 나의 교직 초창기가 부쩍 많이 떠올랐다. 그중에서도 아무것도 모르는 채로, 발령받자마자 과학부 업무를 맡으며 (여기엔 차마 쓸 수 없는) 산전수전을 다 겪었던 1년 차, 인생 첫 담임을 맡으며 내가 가지고 있던 에너지의 10배 이상을 끌어올려 쏟아부었던 2년 차 때가 가장 많이 생각났다. 특히 2년 차 첫 담임으로 지냈던 1년은 담임을 하면서 힘들고 슬픈 일들과 부딪히게 될 때 '선생님, 그래도 그때 선생님과 저희 반, 참 즐거웠잖아요.'라며 추억을 하나씩 꺼내 먹을 수 있게 하는 '추억 상자'이다.

19명의 아이들과 함께했던 2015년은 정말 재미있었다. 이 정도면 나는 학교에 일하러 가는 게 아니라 놀러 가는 게 아닌가 싶을 정도로 즐거웠다. 밤 10시까지 아이들과 학교에 남아서 시시콜콜하고 쓸데없는 이야기들을 남발하다가 집에 가기도 하고, 며칠 동안 야영 준비위원회 아이들과 늦게까지 밤샘 야영을 준비하기도 했다. 여름방학 때는 '스터디 그룹'을 만들어서 방학 동안에도 매일매일 학교에 출근해 아이들의 공부를 도와줬다. 제일 기억에 많이 남는 건 아이들과 학교 밖에서 쌓은 추억들이다. 그때는 도대체 어디서 이런 거대한 용기가 불쑥 튀어나왔는지 모르겠지만, 여름에 아이들과 계곡을 가겠다고 선언해 아마 교장, 교감 선생님께서는 적잖이 당황하셨을 것이다. 학년이 끝날 때는 너무나 아쉬운 마음에 1박 2일로 '진급 여행'을 떠나기도 했다.

지금의 나는 분명 그때의 나와는 많이 다르다. 성장한 부분도 있고, 퇴보(?)한 부분도 있다. 고해성사의 느낌으로 퇴보한 부분부터 적어 보자면, 나의 열정과 에너지는 상당히 많이 고갈되었다. 이제는 학급 행사를 하나 하려고 해도 머릿속에 그려지는 업무들, 예상되는 어려움과 안전상의 문제들이 나를 지배한다. 그리고 아주 솔직한 마음으로, 살짝 귀찮기도 하다. 게다가 나는 늙었다. 이제는 예전만큼 체력이 남아돌지를 않아서 가끔은 아이들과 보조를 맞출 수가 없다.

이렇게 내 열정의 샘은 점점 말라 가고 있지만, 그래도 나는 이제 예전처럼 아이들의 상황과 감정에 지나치게 이입하여 아이들과 같이 허우적대지 않는다. 예전에는 나의 감정과 아이들의 감정을 분리하는 것이 쉽지 않았고, 아이들의 모든 문제를 내가 다 해결해 주고 싶었으며 그럴 수 있을 것만 같았다. 내가 그 문제를 해결할 수 없다는 결론에 다다랐을 때, 나는 무력감을 느꼈고 깊이 좌절했다. 그렇지만 여러 번의 시행착오 끝에 이제는 그것이 불가능하다는 것을 안다. 나는 아이들이 최선의 선택을 할 수 있도록 여러 가지 선택지를 제안해 줄 수는 있지만, 선택은 아이들의 몫임을 안다. 아이들에게 지나친 기대도 실망도 내 멋대로 하지 않으려 한다. 아이들의 행동에 일희일비하거나 동요되지 않고, 우직하게 내 갈 길을 가 본다. 예전에 비해 나의 학교생활은 심정적으로 정말 많이 편해졌다. 근심 걱정은 학교 안에 고이 두고, 퇴근은 늘 가벼운 마음과 발걸음으로 하려고 노력한다. 퇴근 후에는 운동도 하고 책도 본다. 나를 갉아 먹지 않고 나를 지키면서 이 일을 오래 즐기기 위한 나만의 방어기제라고나 할까.

올해는 팍팍한 고3 담임을 맡아 학교생활이 생각보다 많이 무미건조하다. 그러다 보니 작년 2학년 담임 반 아이들이 자주 떠오른다. 이 친구들과 처음 만났던 2021년 3월 2일, 처음으로 아침 조회를 들어간 후의 나의 솔직한 심정은 '이 조합은 대체 무엇인가?'였다. 왠지 이번 1년, 우리 반은 너무 조용할 것 같았고 나와 케미가 터지지 않을 것 같았다. 그렇지만 2021년의 마지막은 달랐다. 우리는 헤어짐이 너무나 아쉬웠다. 처음에는 쭈뼛쭈뼛 어색하기만 했던 우리 반 아이들은 어느새 '2학년에서는 우리 반이 최고지!' 라는 자부심을 갖고 있었다. 예전만큼 담임 업무에 많은 에너지를 쓰지 않지만, 나는 조금 더 '쉽고 편하게' 담임, 뭐 그럭저럭 나쁘지 않게 잘 해 나가고 있다.

열정 넘치는 선생님은 아니더라도, "그 선생님, 진짜 별로지 않아?" 같은 말이나 듣는 선생님은 되고 싶지 않다. 시대의 흐름이 바뀌고, 학생들이 바뀌니 그에 맞추어 나도 자신에게 치열한 피드백을 주어야 할 것이다. 엄격한 자기 피드백은 정말 어렵고도 스스로의 마음에 생채기를 내는 일이라, 사실 쉽게 할 엄두가 나지 않는다. 감사하게도, 첫 학교였던 A고, 지금 근무하는 C고 모두 나에게 스스로를 되돌아볼 수 있는 기회를 많이 제공해 준다. 누군가는 "혁신학교라고 뭐 다른 게 있어? 전근 와 보니 별로 다른 것도 없네. 혁신이 뭔데?"라고 묻는다. 그렇지만 적어도 나에게는 교직의 시작이 혁신학교여서 좋았다. 혁신학교 안에서 그래도 나는 많이 컸다. 요새는 다음 근무지는 꼭 혁신학교가 아니어도 될 것 같다는 생각을 한다. 그럼에도, 아무 철학도 신념도 없던 나 같은 신규 교사들의 성장을 돕는 혁신학교는 늘 그 자리에 있었으면 하는 바람이다.

# 모두가 행복한 학교를 꿈꾸며
### 효정쌤의 이야기

A고에서 7년 동안 근무하며 학생부에서만 4년을 보냈고, 그 중 2년은 학생 부장으로 지냈다. 주변에선 생활지도가 힘들지 않냐고 걱정하지만 생활지도보다 코로나 방역이 훨씬 힘들었다. 생활지도가 크게 힘들지 않았던 것은 학생에게 진심인 선생님들 덕분이었다. 학생들이 선생님들과 좋은 관계를 유지하고 있어서 지도 과정 중 불필요한 감정 소모가 거의 없었다. 사안이 발생하면 업무 담당 교사 외에도 여러 선생님들이 모여 학생을 지원할 수 있는 협의체를 구성한다. 학교폭력전담기구, 학교생활교육위원회, 위기관리위원회 등 공식적인 협의체도 있지만 해당 학생을 직접 가르치는 선생님들이 모여 비공식 협의체를 구성해서 다방면에서 협의하고 지원한다.

3년 전 입학과 동시에 학교폭력을 일으켜 가해 학생 처분을 받았던 학생이 있다. 학교폭력을 비롯해 교권침해, 폭행으로 인한 형사고소 등으로 화려하게 등장했다. 이미 중학교 때부터 크고 작은 폭력에 연루되어 문제를 일으켜 왔던 학생이다. 사안 조사를 위해 학생과 긴 시간 면담을 했다. 겉모습은 거칠어 보여도 진실하고 솔직한 학생이었다. 중학교 때 축구부 활동을 하며 학교폭력 피해를 당했는데 피해가 제대로 회복되지 않아 마음속에 울분이 쌓여 폭력적인 행동으로 표출되기 시작했고, 결국 가해자가 되어 버린 것이었다. 이렇게 살고 싶지 않은데 자꾸 화가 나서 어찌해야 할지 모르겠다는 학생의 말에 가슴이 아팠다. 1학년을 마치지 못하고 학교를 떠날 것 같다는 우려의 목소리도 있었지만 담임선생님을 비롯한 많은 선생님들이 학생의 변화를 위해 진심으로 노력했다. 스스로 피해를 회복할 수 있도록 지원한 결과 피해 학생과 평화로운 관계를 유지하게 되었다. 진심은 통한다 했던가. 학생은 마음을 잡고 서서히 변하기 시작했다. 1년쯤 지났을 무렵 17년 차 선배 선생님께서 편지를 한 통 주셨다.

### 흐뭇한 변화, 그리고 기대

어느 학교든 3월은 고1 학생들이 진통을 겪고, 적응을 하는 한 달이지요. 작년 3월, 2학년 담임을 맡고 있던 본인 귀에도 1학년 학생들의 갈등 이야기는 점심 식사 때도, 후배 선생님의 고민 속에서도 들리곤 했습니다. 그 중심에서 가장 많이 들리던 학생의 이름은 'OOO'. 영향력이 있는 학생이었습니다. 학생을 실제로 만난 건 4월 말 중간고사 감독 기간이었으니 만으로 딱 1년이 지났네요.

다리를 꼬고 삐딱하게 앉아 있던 맨 앞줄의 학생.

만사 다 귀찮고, 건들면 시비를 걸고 싶다는 눈빛.

뒷자리에만 있었어도 좀 덜 신경이 쓰였을 텐데, 하필 복도 쪽 맨 앞자리. 시험 감독을 시작하며 전체 학생을 향해 시험 볼 준비, 자세를 안내하였고 역시나 삐딱한 학생에게는 살짝 다가가 어깨에 손을 올리고 속삭이듯 바르게 앉도록 안내했던 기억이 납니다. 그땐 학생이 안내를 잘 따랐지만, 한 번은 문제가 생기겠구나 싶었는데…… 바로 다음 날, 시험 시작 전 선생님의 지시에 불응하고 공격적인 태도를 보여 교권보호위원회가 열린다는 소식을 듣게 되었습니다.

'학교를 그만두거나, 전학을 가겠구나' 하는 생각이 들었고. 이후로는 한동안 소식을 접하지 못했습니다.  이후 2학기말쯤, 우연히 점심 식사 때 'OOO 학생의 소식', '노효정 선생님'의 관심과 노력을 전해 들으며 학생도, 선생님도 잠시 마음으로 응원했던 것 같습니다. 그러다 올해 초 학급회장 명단에 그리고 학생회장선거관리위원장인 학생의 이름을 보며, '어, 뭔 일이 있었구나! 흥미롭네.' 하는 생각이 들었지요. 단순한 적응 과정만은 아닌 것 같다는 생각.

그리고 어제, 만 1년 만에, 그것도 중간고사 시험 감독을 하며 만난 학생은, 정말 신기하게도 똑같이 복도 쪽 맨 앞자리에 앉아 있었습니다. 그런데 이 학생, 모든 게 달라져 있었습니다. 목소리, 눈빛 그리고 심지어 머리 스타일까지도. 차분히 시험 준비를 하는 모습, 진지하게 시험 문제에 몰입해서 푸는 모습을 몇 번이고 흘깃 쳐다보지 않을 수 없었겠지요. 다시 보니 굉장히 예쁘게 잘생긴 학생이라는 느낌을 받았습니다. 인플루언서. 영향력 있는 한 학생의 큰 변화는 학교 분위기도 바꾸고 있다는 느낌입니다. 잠시 17년의 교직 생활을 돌이켜 보니 기억나는 학생들. 대부분의 사람들이 기대하지 않았던 좋은 변화가 일어난 학생들 기억이 납니다. 몇몇 분의 기대 덕분이었던 것 같습니다. 앞으로 이 학생, 정말 많이 기대됩니다.


이 학생은 벌써 3학년이 되었다. 요즘에는 좀처럼 오르지 않는 성적으로 인해 힘들어 하고 있다. 학생은 자신이 변화하게 된 계기를 이렇게 이야기한다. 어느 곳에 가도 자신은 늘 문제아 취급을 받았지만 우리 학교 선생님들은 자신을 문제아로 보지 않고 인간적으로 대해 주었고, 따뜻한 관심을 받으니 좀 더 나은 사람이 되고 싶다는 생각을 하게 되었다고. 변화의 과정에서 위태롭고 힘든 순간들이 있었지만 지금까지 잘 견뎌

준 학생을 마음으로 응원한다.

학교생활에 적응하지 못해 전학을 오는 학생들이 종종 있다. 그때마다 선배 선생님들은 "괜찮아. 조금만 지나면 'OO화' 될 거야."라고 한다. OO이라는 우리 학교 이름 뒤에 될 화(化)라는 한자어를 붙인 말이다. 입학이나 전학 당시 거칠었던 학생들도 시간이 지날수록 부드럽게 바뀌고 더 지나서는 자신의 개성과 장점을 발휘한다. 우리 학교 분위기에 적응해 가는 것이다. 'OO화'는 학생뿐만 아니라 구성원 모두에게 적용된다. 3년간 짝꿍으로 근무했던 교육 경력 30년이 훌쩍 넘은 선배 선생님이 친절한 선생님으로 변화한 것도 'OO화'였다. 'OO화'될수록 학교는 더 평화롭고 행복한 곳이 된다.

혁신학교에서 7년. 길지 않은 시간이지만 행복했다. 사실 첫 발령지가 혁신학교라 비교군이 없다. 이곳이 혁신학교여서인지 아니면 그냥 운 좋게 이 학교의 구성원들이 역동성과 창의성을 가진 사람들로 이루어진 것인지 알 수 없다. 공립학교 특성상 교사들이 매년 바뀌고 그때마다 학교의 분위기도 약간의 변화가 있지만 나에게 학교는 여전히 즐거운 곳이다. 몇 년 후엔 다음 학교를 고민해야 하는 순간이 올 거다. 어떤 학교에서 근무할지 알 수 없지만, 다음 학교를 선택하는 첫 번째 기준은 명확하다. 행복하고 즐겁게 학교생활을 할 수 있는 곳인가. 첫 학교에서 만난 형형색색의 머리를 하고 반짝이는 피어싱을 했던 학생들은 문제아가 아니었다. 저마다의 색으로 반짝이는 보석들이었다. 교사로서 근무하는 동안 빛나는 보석들을 무수히 만날 수 있기를 소망한다.

# 은혜를 갚는 마음으로
## 유진쌤의 이야기

이제야 고백한다. 신규 교사 시절 나는 참 오만했다. 쉬는 시간마다 담임 반 교실에서 아이들과 떠드는 게 제일 재미있던 첫 담임 시절 '와, 나 진짜 천직인가 봐.' 하는 귀여운 자신감을 넘어 '왜 다들 이렇게 초심을 빨리 잃지?'라는 건방진 마음을 잠시 가졌었다. '선생님'이라고 불리는 순간마다 내가 진짜 몸 바스러지게 최선을 다하겠다는 마음을 꼭꼭 눌러 다지면서 그게 정답이라 섣불리 확신했다.

지금의 나는 거리 유지의 중요성을 안다. 열정을 앞세워 학생과 나 사이의 거리를 과하게 좁혔다가는 서로에게 상처가 될 수 있음을 알고, 적당한 온도로 업무를 대하는 것을 매너리즘이라 치부하지 않는다. 행복한 교사로 정년까지 갈 수 있는가의 성패는 '지속 가능성'에 있음을 안다. 그리고 그걸 혁신학교에서 배웠다.

모든 게 간절하던 시절, 과하게 애쓰던 나를 그저 지켜봐 주시며 "건강 챙겨 가며 해요."라고 그저 내버려 둬 주신 선배 선생님들과 A고가 있어 나는 가진 힘을 다 털어 학교의 이모저모를 배울 수 있었다. 과하고 서툰 첫사랑의 흥망성쇠를 애정으로 품어 주신 덕에 나는 미련 없이 풍덩 빠졌다가 천천히 평형감각을 가지게 됐다. 실수하더라도 내가 직접 부딪혀 배울 수 있게, 교사는 시키는 일을 하는 사람이 아니라 고민해서 일을 만들어 가는 사람이라는 가르침을 주셨다. 다양한 모습의 멋진 선배들을 보며 '좋은 교사란 이런 것'이라고 나 홀로 가졌던 편협함은 사라져 갔다. 여전히 학생의 한마디에 일희일비하고 마음처럼 흘러가지 않는 수업에 머리를 쥐어뜯지만 그래도 괜찮다는 회복탄력성을 몸에 익혔다.

하나부터 열까지 내가 다 해낼 수 있다는 뜨거움으로 나를 가득 채운 채 D고로 전근을 왔다. 여전히 막내였고, 이곳에서도 선배님들은 힘 빼고 여유롭게 해도 된다고 나를 챙겨 주셨다. "유진쌤, 오래오래 해야지."라는 응원의 말 뿐이었다면 나는 달라지지 않았을 것이다.

작년, 갑작스레 찾아온 번아웃으로 학교의 모든 게 재미없을 때, D고 선생님들은 나 한 사람의 슬럼프를 학교 시스템의 문제로 고민해 주셨다. 내가 맡은 업무가 객관적으로 과부하는 아닌지 살펴 주셨고, 어떻게 실질적인 도움을 줄 수 있을지 물으셨다. "업무 팀 2년 했으니 이제 유진쌤도 우리 학교 담임이 얼마나 재밌는지 경험해 봐야지."라는 말이 감동이었던 건, 구성원 한 사람의 힘듦을 개인이 알아서 책임질 일이라고 내버려 두지 않는 모습, 한두 명의 도움이 아니라 학교 구조적으로 해결하고자 고민해 주시는 모습에서 소속감과 존중을 느꼈기 때문이다. 사실 학교의 사정을 최우선으로 고려했다면 나는 원래 있던 부서에 남았어야 했다. 2년간 최선을 다해 열정을 쏟았고 그래서 더는 잘할 자신이 없다는, 새로운 업무적 자극이 필요하다는 막내 교사의 말에 학교는 응답해 주었다.

"학교는 어떻게든 굴러가. 우린 팀으로 움직이잖아. 업무

순환제를 왜 만들었겠어? 학교 걱정 말고 맘 편히 누려, 자기 권리야."라고 결론을 내 주셨을 때, 이런 이야기를 후배에게 건넬 수 있는 선배가 되고 싶다고 생각했다. 이런 깨달음을 제 자에게 줄 수 있는 교사이고 싶다고 생각했다.

사실 이 책의 시작은 혁신학교가 없어질 수 있다는 위기감 에서 시작됐다. 나에게 어른도 성장하는 존재라는 것을 알려 준 곳, 성찰하고 고민하는 교사로 살아야겠다는 목표를 설정 하게 해 준 혁신학교가 교육이 아닌 정치의 논리로 떠밀리듯 사라지게 될까 봐 두려웠다. 물론 혁신학교의 궁극적인 목표 는 사라지는 것이다. 가야 할 때를 알고 가는 사람의 뒷모습 은 아름다운 법이니, 언젠가 그때가 되면 나는 누구보다 기쁘 고 행복하게 혁신학교를 보내 줄 준비가 되어 있다. 다만 지금 이 그때인지는 여전히 의문이다. 교육청 연수를 통해, 사적 만 남을 통해 만난 많은 교사들은 여전히 학교의 '변화 없음'을 하소연한다. "어떤 학교가 하는 거 봤는데 좋더라고."의 '어떤 학교' 포지션으로서 혁신학교는 여전히 존재 이유가 남아 있 지 않을까? 이름과 형태는 중요하지 않다. 혁신학교가 만들고 지켜 온 가치와 문화가 더 많이 이어진다면 어디든 좋다.

큰 교육의 담론과 정책 앞에 현장의 교사들은 자주 무력감 을 느낀다. 하지만 '나 말고 현실을 탓하렴.'이라며 탓을 미루 는 비겁한 교사로 살고 싶지는 않다. 교육계 소식에 함께 모 여 한숨을 쉬며 성토대회를 하다가도 "그래서 우리는 어떻게 할까?"라고 대화를 이어 가는 학교에 근무하며, 우리의 자리 에서 우리가 할 수 있는 최선을 다할 뿐이란 자세를 배웠다.

이 소중한 가르침을 받기만 해선 안 된다는 생각이 든다. 남은 30년은 '은혜 갚는 까치'의 마음으로, 학교를 모두의 배움과 성장을 보장하는 안전하고 평화로운 공간이 되는 데 애써 힘을 보태고 싶다. 제풀에 지쳐 꺾일 땐 분명 새로운 영감과 응원을 퍼부어 줄 동료가 곁에 있을 것임을 믿으며, 시경쌤, 지수쌤, 효정쌤과 무사히 정년을 맞이할 날을 기대해 본다.